BON JOVI

JÜRGEN SEIBOLD

V.I.P.

2., aktualisierte Auflage

Dokumentation: Anke Schmidt, Elke Keck, Ralph Päckers
Textbearbeitung: Petra Raszkowski
Innenlayout: Walter Bahlinger
Produktion: Seibold Medien

Textbearbeitung der Aktualisierung: Petra Raszkowski
Innenlayout und Produktion der Aktualisierung: Seibold Medien
Titelgestaltung: Studio d'Arte

Druck und Bindung: VPM, Rastatt
Printed in Germany 1993
ISBN 3-552-05131-7

Titelfoto: Larry Busacca/Retna/Photo Selection

Bildquellen Innenteil:
Sabat – S. 2; Michael Malfer – S. 3, 74, 77 (oben); Bernhard Kühmsted – S. 80; LFI – S. 6/7 (unten), 34/35, 54/55, 58/59, 65; R. Marino: 4/5, 6/7 (oben), 23, 28/29, 36, 37, 41, 43, 56/57; S. Fowler – S. 6 (unten links), 63; J. Shive – S. 8/9; Retna – S. 10, 60, 69 (unten rechts); Larry Busacca – S. 75 (3), 76 (2), 77 (unten); Relay – S. 12, 13, 22, 24, 25, 31, 40, 45 (oben), 68 (unten rechts), 68/69 (oben); Ch.L. Helton – S. 14; G. Gershoff – S. 15; J. Bellisimo – S. 16/17, 52; J. Macoska – S. 18/19, 46, 49; N. Preston – S. 21; R. Palmer – S. 27; J. Thomas – S. 32, 68 (unten links); E. Roberts – S. 38/39; B. Busacca – S. 45 (unten), 48; K. Mazur – S. 50, 69 (unten links), 71; A. Csillag – S. 53; N. Zlozower – S. 61; A. Green – S. 62; St. Double – S. 64; R. Kaplan – S. 66/67; N. Elgar – S. 72/73 – alle Photo Selection.

NEW YORK CITY

SUNNYBOY UND MUSTERPROFI

Lange Mähne, verschmitztes Lächeln, den drahtigen Körper in Jeans und luftiges Shirt gesteckt – Jon Bon Jovi gilt als *der* Mädchenliebling der Hardrock-Szene. Mit seiner Bühnenshow begeistert er die Fans, mit einer eingängigen Mischung aus Balladen und treibenden Rocksongs stürmt er die internationalen Charts, und mit überwiegend artigen Antworten in den zahllosen Interviews stößt er auch die Mütter seiner weiblichen Verehrerinnen nicht vor den Kopf. Keine Frage: Jon Bon Jovi – wenn auch mittlerweile verheiratet – wäre ein Schwiegersohn so recht nach dem Geschmack vieler amerikanischer Mütter. Sogar der Gemeinderat seiner Heimatstadt Sayreville zog symbolisch den Hut vor ihm und benannte eine Straße nach Jon Bon Jovi. (Inzwischen trägt die Straße allerdings wieder den alten Namen – hartnäckige Fans hatten die Bon-Jovi-Straßenschilder so oft für die heimische Trophäenwand abgeschraubt, daß die Stadtväter schließlich kapitulierten.)

Doch hinter dem Image des sorglosen Sunnyboys entpuppt sich Jon Bon Jovi als ein ausgekochter Profi, als ein Musiker, der sehr wohl weiß, wie er seinen Ehrgeiz als Rocksänger und -gitarrist versilbern kann. Er gilt als gewiefter Geschäftsmann, der sich Freundschaftsdienste gelegentlich auch durch lukrative Verträge versüßen läßt – und der sich zugleich darüber beklagt, daß seine Freundschaft immer wieder ausgenutzt werde. Er gilt als bodenständiger Rock-Handwerker, der mehr Wert auf solide Arbeit legt als auf den in der Rockszene sonst üblichen Schnickschnack – und der dennoch auf protzige Sportwagen und Motorräder nicht verzichten mag.

Jon Bon Jovi wird von vielen Fans als ein Beispiel dafür gefeiert, daß der oft zitierte „amerikanische Traum" Wirklichkeit werden kann. Dabei fehlte in den vergangenen Jahren manchmal nicht viel, und der Traum von der Karriere im Musikgeschäft wäre für Jon Bon Jovi zum Alptraum geworden. Mit Glück, einer übergroßen Portion Ehrgeiz, mit Talent und unglaublichem Arbeitseifer übersprang er die meisten Hürden – und wandelte sich bald zum *workaholic,* der die Weltanschauung des „schneller, höher, weiter" zum Lebensprinzip erhoben hat. „Entweder du tust etwas sofort und selbst – oder nie", sagt er heute. Jon Bon Jovi scheint ständig auf Hochtouren zu laufen, scheint sich ständig unter Erfolgsdruck zu stellen, scheint ständig noch weitere Ziele noch schneller erreichen zu wollen. Wie hoch der Preis ist, den er so für seinen vielbestaunten Aufstieg zu einem Weltstar der Rockszene bezahlt hat, kann wohl nur einschätzen, wer ihn noch als unbekümmerten Rockamateur in Sayreville gekannt hat.

Geboren wurde der später als Jon Bon Jovi weltbekannt gewordene Musiker am 2. März 1962 unter dem Namen John Frank Bongiovi. Seine Eltern hatten sich in Sayreville, einer kleineren Stadt im US-Bundesstaat New Jersey, eine recht gemütliche Bleibe eingerichtet. Sie bewohnten ein Einfamilienhaus in der Robin-Hood-Drive – Hausnummer 16 – und genossen dort die Vorzüge dessen, was in den Vereinigten Staaten als Idealtypus eines *middle class home* gilt: ein mehr oder weniger durchschnittliches, finanziell einigermaßen abgesichertes Alltagsleben zwischen breiten, ruhigen Straßen und sorgfältig gepflegten

Jon Bon Jovi als Superstar, ob als Showman im Konzert (oben), oder auf gestellten Pressefotos (unten) - davon konnte Johnny Bongiovi aus Sayreville im US-Bundesstaat New Jersey jahrelang nur träumen.

Grünstreifen. New Jersey, in den USA nicht ohne Grund als Vorgarten New Yorks belächelt, bot dem Teenager John Bongiovi nicht allzuviel Aufregendes. Die besserverdienenden Geschäftsleute nutzten den Umstand, daß die meisten Städte im „Garden State" New Jersey nur etwa eine Autostunde von der umtriebigen Riesenstadt entfernt sind, und kauften sich dort ein Häuschen im Grünen. Und so wurde Sayreville wie viele andere Ortschaften New Jerseys schnell zu einer jener Schlafstädte, in denen sich das Leben vorwiegend tatsächlich so verschlafen abspielt, wie es diese Bezeichnung vermuten läßt.

Die Robin-Hood-Drive schien obendrein nicht gerade zum verkehrsreichsten Teil von Sayreville zu gehören, denn John und sein jüngerer Bruder Matthew, genannt Matty, erinnern sich heute vorwiegend daran, daß sie auf dem Asphalt vor dem Haus jederzeit ungestört mit dem Ball spielen konnten.

Auch die familiären Verhältnisse im Hause der Bongiovis sorgten nicht für übermäßig viel Aufregung. Vater John Bongiovi senior arbeitete als Friseur. Und Mutter Carol bediente zwar eine Zeitlang als eines der berühmten „Bunnies" in einem Club des Herrenmagazins PLAYBOY, hängte diesen Job allerdings bald an den Nagel, arbeitete fortan als Blumenverkäuferin und eröffnete später sogar einen eigenen Blumenladen. Die Bongiovis, deren Vorfahren in Sizilien gelebt hatten und die deshalb noch immer ein etwas holpriges Italo-Amerikanisch sprachen, galten in ihrer Nachbarschaft als fleißige und vergleichsweise biedere Zeitgenossen – nicht unbedingt die Umgebung, in der (zumindest nach Meinung vieler Fans) ein Junge zum späteren Rockstar geformt wird.

„Johnny", wie ihn seine Eltern nannten, kam denn auch nur über einen Umweg zu seinem Interesse für die Musik. Ursprünglich hatte er unbedingt Mitglied im Baseball-Team seiner Schule werden wollen – doch dort war der Typ des schmächtigen Jungen nicht gefragt. In Interviews erinnerte er sich später mit wenig Begeisterung an diese Zeit. „Da mich das Baseball-Team nicht haben wollte, war mir der übliche Weg verbaut, auf dem die Jungs an der Schule damals Punkte bei den Lehrern und den Mädchen sammeln konnten. Dabei hätte ich diese Punkte als Ausländerjunge dringend nötig gehabt. Für die meisten in der Schule war ich als Italo-Amerikaner ein Idiot, so sehr ich mich auch um Anerkennung bemühte. Eigentlich war unsere Familie längst nicht so ‚italienisch', wie man sich das damals gemeinhin vorstellte. Früher vielleicht, als mein Großvater noch lebte, als sich die ganze Verwandtschaft regelmäßig traf und sich dabei alles um die Großeltern drehte. Ich habe meine Großmutter mal auf diese Zeit angesprochen, und sie meinte, daß sie diese Sonntage sehr vermisse, an denen alle Vettern und Cousinen zu Besuch kamen. Heute, sagte sie, habe sich alles verändert, jeder in der Familie gehe seiner eigenen Wege. Und, ehrlich gesagt, auch mich macht diese Veränderung recht traurig."

Da Baseball als Möglichkeit, Freunde (und Freundinnen) zu finden, ausschied, suchte Bongiovi nach anderen Wegen. Er wurde bald fündig. Eines Abends erklärte Johnny seinen Eltern stolz, daß er beschlossen habe, Rockmusiker zu werden. Vor allem Mutter Carol reagierte erstaunlich gelassen auf diese Eröffnung: Zu Weihnachten schenkte sie ihrem Sohn seine erste Gitarre. Danach befragt, wie sehr sich John über das Geschenk gefreut habe, muß sie noch heute lachen: „Damit lag ich völlig schief. Wutentbrannt schmiß Johnny die Gitarre die Treppe im Haus hinunter und brüllte, er wolle Schlagzeuger werden und habe deshalb für die blöde Gitarre keine Verwendung..."

Drei Jahre später, 1975, begann er umzudenken. Bruce Springsteen hatte mit seiner E Street Band das inzwischen legendäre Album *Born To Run* veröffentlicht und feierte als Sänger und Gitarrist ungeheure Triumphe. Amerikas Musikkritiker bejubelten ihn als neuen Superstar. Und einer der Rockreporter („Ich habe die Zukunft des Rock'n'Roll gesehen!") begeisterte sich so sehr für das neue Glanzlicht der amerikanischen Rockszene, daß er seinen Job als Journalist an den Nagel hängte und stattdessen Springsteens Manager wurde.

Kein Wunder, daß Johnny Bongiovi von diesem Mann beeindruckt war. Springsteen sang laut und rauh, spielte seine Gitarre eher mit Begeisterung als mit überdurchschnittlichem Talent, rüttelte die Rockfans in den USA und in Europa auf und – er stammte aus New Jersey. „Jeder Junge aus New Jersey, der sich auch nur ein wenig für Rockmusik interessierte, war ein Fan von Bruce", schwärmte John Jahre später einem Journalisten vor. „Es gehörte in New Jersey einfach dazu, Bruce zu bewundern. Womöglich mußten diejenigen, die es nicht taten, sogar mehr Steuern bezahlen..."

Noch im selben Jahr erlebte Johnny sein erstes Konzert. Mit seinen Eltern war er nach Pennsylvania in Urlaub gefahren, wo die Bongiovis in der Nähe der Stadt Erie eine Ferienwohnung gemietet hatten. „Als in der Stadt Erie an einem Abend Rush, Heart und die Doobie Brothers im Rahmen eines kleinen Festivals auftraten, gingen meine Eltern mit mir dorthin. Ich flippte völlig aus – vor allem Rush hatten mir gefallen." Rush, ein kanadisches Trio, putzte schon damals simple Rocksongs mit ausgefeilten Arrangements und hörenswerter Instrumental-Akrobatik zu kleinen Kunstwerken heraus.

Zurück in Sayreville, schaute sich John Bongiovi sofort nach jemandem um, der ihm das Nötigste auf der Gitarre beibringen konnte. Denn als eingefleischtem Springsteen-Fan kam nun für den künftigen Rockstar natürlich nur noch die Rolle eines Rockgitarristen in Frage – zumal, wie er später grinsend zugab, „sich die Girls schon immer mehr für Gitarristen und Sänger im Rampenlicht interessierten, als für den

Schlagzeuger im Hintergrund". Ein gewisser Al Parinello zeigte ihm einige Akkorde und die ersten Tricks auf dem Instrument. „Al war Profimusiker, für die Nachbarn galt er damals als wirklich große Nummer. Er gab mir Gitarrenunterricht – mir und zwei anderen Jungs: Dave Sabo, der heute bei Skid Row Gitarre spielt, und einem anderen Typ, der irgendeiner Garagenband angehörte, später die Musik an den Nagel hängte und heute als Rechtsanwalt oder so etwas arbeitet. Al wollte kein Geld für den Unterricht – er mochte uns, weil er uns okay fand."

Nachdem er die ersten Lektionen halbwegs zufriedenstellend hinter sich gebracht hatte, suchte er bereits nach Musikern für eine eigene Band. Den ersten Mitstreiter für die geplante Karriere als Rockmusiker hatte er schnell gefunden: David Rashbaum besuchte mit John die John T. Stevens High School und zählte seit langem zu Johns engeren Freunden – als begabter Pianist gab er einen prächtigen Keyboarder für die gemeinsame Gruppe ab. Mit einigen anderen Kumpels taten sie sich unter dem Namen Atlantic City Express zusammen und spielten bereits kurz nach der ersten Bandprobe auf allen Schulfeten, auf denen man ihnen die Bühne überließ. Schon wenig später absolvierten sie ihre ersten Auftritte in den kleineren Clubs der Umgebung, und dennoch mußten sich John und David immer wieder nach neuen Mitmusikern umsehen. Einer der Gründe: Den anderen wurde Johns ungewöhnlich großer Ehrgeiz in der Regel nach kurzer Zeit unheimlich. Manchmal zogen auch die Eltern der Bandkollegen die Notbremse, weil sich die Noten ihrer Sprößlinge mit zunehmendem Erfolg der Gruppe drastisch verschlechterten.

Johns Eltern sahen das zwar auch nicht gerne, aber sie gingen mittlerweile schon recht gelassen mit den Eskapaden ihres Sohnes um. „Soweit ich mich erinnern kann", erzählte John 1987 dem Musikma-

gazin BRAVO, „war ich schon immer ein wilder Junge. Schon als Baby soll ich ein richtiger Wildfang gewesen sein, später dann so etwas wie ein junger Rebell. Ein Muster-Söhnchen war ich weiß Gott nicht. Zum Glück hatte mich mein Vater immer gut im Griff, sonst wäre ich vielleicht sonstwo gelandet." Wie Bongiovi senior das schaffte? „Da gehörte nicht viel dazu", grinste John. „Ich war schon immer unheimlich stolz auf meine langen Haare – und mein Vater drohte, sie mir abschneiden zu lassen, wenn ich nicht parierte."

Daß das keine leere Drohung war, mußte John Bongiovi einmal erfahren. „Aber da", gab er zu, „hatte ich es wohl auch wirklich zu weit getrieben – das war schon eine irre Geschichte. 16 war ich damals, glaube ich. Jedenfalls hatten sich ein paar meiner Klassenkameraden und ich ein paar Dosen Bier gekauft, um damit anzugeben." Ihren Altersgenossen dürften sie damit tatsächlich einigermaßen imponiert haben, denn an „Jugendliche" unter 21 Jahren wird in den Vereinigten Staaten gewöhnlich nicht einmal im Supermarkt Alkohol verkauft (dafür können Amerikaner bereits als 16jährige den Autoführerschein erwerben...).

Bongiovi: „Wir waren nicht an Alkohol gewöhnt und somit schon nach den ersten paar Schlucken Bier stinkbesoffen. Als ich spätabends nach Hause kam, schwindelte ich meiner Mutter vor, ich sei schwer erkältet – und verschwand möglichst schnell im Bett. Mann, war ich blau! Ich bin nur noch in mein Zimmer hinaufgetorkelt, habe meine Stereoanlage eingeschaltet, den Kopfhörer übergestülpt und die Anlage auf volle Lautstärke aufgedreht. Das Dumme war nur: Ich hatte in meinem Rausch völlig vergessen, den Kopfhörer auch wirklich einzustöpseln. Mir ist das natürlich nicht aufgefallen – anderen dafür um so mehr: Ich habe die ganze Nachbarschaft aufgeweckt. Na ja... danach mußte ich mir also die Haare schneiden lassen..." Trotzdem unterstützten seine Eltern Johns Ziel, Rockmusiker zu werden, auch als seine Leistungen in der Schule nachließen – und John sich immer wieder ein paar Unterrichtsstunden „ersparte", um sich für die Auftritte am Abend fit zu halten. „Das haben sie natürlich nicht so gern gesehen", gab er später zu. „Aber ich habe es ja auch nicht gerade offiziell angekündigt, wenn ich mal die Schule schwänzen wollte." Eine Bereicherung für den Unterricht dürfte John Bongiovi aber auch nicht gewesen sein, wenn er tatsächlich mal die Schulbank drückte. „Während meiner Zeit auf der High School", erzählte er dem in New Jersey lebenden Musikjournalisten Ralf Brunkow, „spielte ich abends in Clubs und Lokalen, die ich in meinem Alter eigentlich noch gar nicht hätte betreten dürfen. Aber die Polizei kontrollierte nur die Gäste – nicht die Musiker auf der Bühne. An den Vormittagen nach den Konzerten war ich in der Schule dann oft so müde, daß ich mit einer dunklen Sonnenbrille erschien. So konnten die Lehrer nicht sehen, wenn mir während des Unterrichts gelegentlich mal die Augen zufielen..."

„Ich hatte eigentlich als Junge nicht sehr viele Freunde. Ich hatte meine Band, und mit ihr trat ich auf. Wir spielten zum Beispiel – soweit ich weiß – auf dem letzten ‚High School Dance', der in Sayreville veranstaltet wurde. Wir spielten in den Bars der Gegend Motown-Hits und einige Songs von Southside Johnny nach, während alle meine Klassenkameraden zu Hause in ihren Zimmern die Platten von Grateful Dead auflegten."

Vater und Mutter Bongiovi konnten dagegen wenig ausrichten. John das Taschengeld zu kürzen, brachte nicht viel ein – denn ihm war es so ernst mit seinen Musiker-Plänen, daß er sich nach Schulschluß das nötige Kleingeld in verschiedenen Nebenjobs verdiente. „Nur gut", erzählte John später über diese Zeit, „daß meine Eltern Verständnis für mich hatten und wirklich fest daran glaubten, daß ich mal Karriere als Rockmusiker machen würde. Meine Familie stammte aus Italien – und vielleicht lag ihre Einstellung daran, daß die Leute dort schon immer Musik im Blut hatten." Nette Geschichte, aber wahrscheinlich machten Vater und Mutter Bongiovi doch eher gute Miene zum „bösen" Spiel. Also schien der Weg frei für die Musikerkarriere des ehrgeizigen Jungen aus New Jersey. Doch der Aufstieg zum Superstar ließ sich zäh an. John übte mit seiner jeweiligen Band wie besessen. Aber anstatt sich mit Auftritten in den Clubs von New Jersey Ruhm, Ehre und eine Menge Dollars für Schampus und schöne Mädchen zu erspielen, mußte er zwischen Proben und Konzerten in Gelegenheitsjobs dazuverdienen. Er half stundenweise einem Schrotthändler, stellte sich hinter die Theke einer Drogerie, arbeitete in einem Schnellimbiß und zwängte sich schließlich sogar für einen Aushilfsjob als Schuhverkäufer in Anzugjackett und Krawatte. Die Noten an der High School wurden durch Johns Aktivitäten natürlich nicht besser – aber während immer wieder Musiker seine Bands verlassen mußten, weil deren Eltern wenig Verständnis für die Entwicklung ihrer Jungen zeigten, schien das Ehepaar Bongiovi einigermaßen gelassen auf Johns Desinteresse am Schulunterricht zu reagieren.

„Einmal aber", erinnert sich John Bongiovi, „waren sie richtig sauer: Es war in meinem letzten Jahr an der Fairville High School, und ich schwänzte die Englisch-Abschlußprüfung, weil ich am selben Abend mit meiner damaligen Band als Vorgruppe im riesigen Madison Square Garden in New York spielen durfte. Das war für mich eine einmalige Chance, doch meine Eltern sahen das wohl etwas anders. Am folgenden Tag holte ich die Prüfung nach – und bestand sie mit Ach und Krach." Immerhin half dieser Auftritt, ihm den Weg ins Profigeschäft zu ebnen. Musikalisch hatten sich John und David mit ihren ständig wechselnden Bandkollegen im Laufe der Jahre allmählich auf eingängigen Hardrock eingependelt.

SOUTHSIDE JOHNNY HILFE VON KOLLEGEN

Bongiovi: „Wir hatten eine ganze Reihe von Bands zu dieser Zeit. Eine der Gruppen war eine zehnköpfige Band mit einer stark besetzten Bläserabteilung, mit der wir die Songs von Southside Johnny und Bruce Springsteen rauf und runter spielten. Davor hatte es eine Band namens Raze gegeben, die eine Mischung aus Kiss, Bachmann Turner Overdrive, Aerosmith und Rolling Stones darstellen sollte."

In den zunehmend sorgfältiger ausgefeilten und immer häufger selbstgeschriebenen Songs verarbeiteten die Bands später dann vor allem Johns Faible für den gitarrenbetonten Hardrock der kanadischen Gruppe Rush, an deren Sänger Geddy Lee er sich anfangs ebenfalls hörbar orientierte. Allerdings setzten John und David ihre musikalischen Ideen längst nicht so kantig um wie die berühmten Kollegen, sondern umschmeichelten die hart angelegten Gitarrenriffs mit gut gesetztem Chorgesang und gaben der Musik obendrein mit geradlinigen Rhythmen zusätzlich Rückgrat.

Ende der 70er Jahre tingelten John Bongiovi und David Rashbaum mit einer Band namens The Rest durch New Jersey. Sie tourten durch die kleineren und mittleren Clubs des Staates, und mit einem der Musiker, die sie dabei immer wieder trafen, freundeten sie sich schnell an: mit Southside Johnny, der mit seiner Begleitband The Asbury Jukes allmählich zu einer überregionalen Größe wurde. John Bongiovi und Southside Johnny (alias Johnny Lyon) verbrachten auch privat viel Zeit miteinander. Und schließlich schlug sich die Freundschaft mit dem erfolgreicheren Kollegen auch positiv im Terminplan nieder: Southside Johnny & The Asbury Jukes waren 1980 als Anheizer für die beiden Superstars Daryl Hall und John Oates engagiert worden – und Southside Johnny schaffte das Kunststück,

auch seinen Kumpel John Bongiovi samt Band im Vorprogramm des Konzerts in New York unterzubringen.

„Southside Johnny mochte uns und unsere Musik wirklich", erinnerte sich John später in einem Interview mit dem Magazin SPIN. „Also verschaffte er uns diesen Job und ließ uns vor dem Konzert mit einer Limousine abholen. Wir waren natürlich mächtig stolz und fühlten uns wie richtige Rockstars. Als die Limousine schließlich vorfuhr, quetschten wir uns alle in den einen Wagen: wir fünf Musiker, unsere Freundinnen, der Manager, die Roadies – alles in allem waren wir wohl zwölf Leute. In New York gab's dann keine Garderobe für uns, und als einzige ‚Gage' bekamen wir eine Flasche Remy Martin. Aber das störte uns kein bißchen – wir waren im siebten Himmel. Auch noch nach dem Konzert, als sich herausstellte, daß Southside Johnny die Limousine nur für die Fahrt *zum* Konzert gemietet hatte – zurück mußten wir trampen. Trotzdem war es damals eine tolle Erfahrung für uns alle. Wenn du 18 Jahre alt bist und deinen Schulabschluß noch nicht in der Tasche hast, ist ein solches Konzert natürlich bei weitem das Aufregendste in deinem Leben."

Und nun tat sich auch endlich für John ein Weg ins Lager der Musikprofis auf. Seine Eltern hatten einen gewissen Tony Bongiovi gebeten, sich die Songs von The Rest einmal anzuhören und ihren ehrgeizigen Sprößling gegebenenfalls von den Vorzügen einer bürgerlichen Existenz zu überzeugen. Doch es kam anders: Tony Bongiovi, Johns Vetter zweiten Grades, war begeistert – und bot The Rest einen Plattenvertrag an. John: „Ich war 19, als ich Tony zum ersten Mal traf. Wir spielten eines Abends im Club Meadowbrook in Jersey, und er war gekommen, um sich uns anzuhören. Als unser Konzert vorüber war, nahm er mich beiseite und sagte mir, ich könne mit der Musik durchaus meinen Lebensunterhalt verdienen – wenn ich es nur richtig anpackte."

Damals, Anfang der 80er Jahre, witterte John im Interesse des etablierten Rockproduzenten an seiner Musik seine große Chance – im November 1988 sah er das schon etwas anders: „Er ist ein Arschloch", wetterte er in einem Interview mit dem Magazin SPIN. „Aber das solltet ihr vielleicht lieber nicht schreiben. Er ist jemand, der meinen Namen benutzt, um sich wichtig zu machen. Und das solltet ihr auf jeden Fall schreiben."

Doch immer der Reihe nach. Zunächst einmal war aus dem angebotenen Plattenvertrag nichts geworden, denn The Rest hatten unmittelbar nach dem Konzert in New York aufgehört zu existieren. Den Eltern der meisten Musiker war es nun endgültig zu bunt geworden, und David Rashbaum hatte sich an der Musikhochschule eingeschrieben, um klassisches Klavier zu studieren. Handfeste Schwierigkeiten mit Vater und Mutter hatte zwar auch John bekommen, aber immerhin schienen seine Eltern durch das positive Urteil von Vetter Tony überzeugt, daß in ihrem ältesten Sohn doch genügend Talent steckte, um sich im Rockgeschäft durchsetzen zu können. Also waren sie einverstanden, als John ein zweites Angebot von Tony Bongiovi annahm: Er sollte in dessen New Yorker Studio Power Station mitarbeiten.

So großartig das auch klingt: John war in New York nicht mehr als ein Handlanger. Er trug Kabel dorthin, wo sie gebraucht wurden, besorgte Getränke, richtete Mikrofonstative aus. „Gewöhnlich hatte ich die verantwortungsvolle Aufgabe, dafür zu sorgen, daß jeder im Studio ständig genü-

gend Kaffee in der Tasse hatte", lacht er heute. Dafür erlaubte ihm Tony, das Studio für seine eigenen Aufnahmen zu benutzen, wann immer keine anderen Musiker im Power Station produzierten. Und so tüftelte John im Studio an seinen Songs, nachdem prominente Rockmusiker wie Mick Jagger oder David Bowie die Räume verlassen hatten.

„Einmal", so erzählte John einem Journalisten Jahre später, „kam Mick Jagger früher als geplant zu einer Aufnahmesession. Ich unterbrach sofort meine Arbeit und wollte ihm das Studio überlassen, da meinte er nur: ‚Mach weiter.' Er setzte sich still hinter das Mischpult und hörte eine Weile zu. Dann fragte er, ob ich ihm nicht noch mehr von dem Material vorspielen könne. Ich konnte es kaum fassen – und irgendwie kam mir das wie ein Traum vor: Ich war gerade mal 18, und Mick Jagger interessierte sich für meine Songs! Ob sich Mick Jagger an diesen Tag noch erinnert, weiß ich nicht. Aber er hat mir mit seinem Verhalten mehr geholfen, als er es selbst für möglich halten würde."

Ohnehin nutzte John Bongiovi die Möglichkeiten, die ihm das Studio Power Station bot, gründlich. Er spielte mit befreundeten Musikern zahlreiche Songs ein und konnte die Aufnahmen schon früh als Demo-Bänder verwenden, um für eine neue Band Auftritte in den Clubs von New Jersey zu ergattern. Und während der insgesamt drei Jahre, in denen er als Laufbursche seines Vetters im Power Station arbeitete, lernte er Lance Quinn kennen, der später sein Debüt-Album produzieren sollte. „Ich spielte ihm all die Jahre hindurch jeden Tag meine Songs vor. Er half mir immer wieder, gab mir nützliche Tips und entwickelte gemeinsam mit mir neue Ideen zu den Stücken."

Und durch Lance Quinn, der mal als Gastgitarrist von Jimi Hendrix im Studio gestanden und sich seither vor allem in Teamwork mit Tony Bongiovi einen Namen als Rockproduzent gemacht hatte, fand sich John Bongiovi für die Aufnahmen zu einem der Songs im Studio plötzlich als „Chef" einer derart illuster besetzten Begleitband wieder, wie sie sich mancher altgediente Rockprofi Anfang der 80er Jahre nur hätte erträumen können. Roy Bittan zum Beispiel hatte den Part des Keyboarders übernommen – er stammte aus Bruce Springsteens damals schon weltberühmter E Street Band. Schlagzeuger Frankie La Rocka trommelte sonst für den kanadischen Rockstar Bryan Adams, und Gastgitarrist Aldo Nova veröffentlichte im Frühsommer 1991 ein weiteres seiner meist brillanten Solo-Alben – ein heuriger Hase war er schon während der Aufnahmen mit John Bongiovi nicht mehr gewesen.

Als heuriger Hase galt zu diesem Zeitpunkt auch John Bongiovi längst nicht mehr. Nach dem Auseinanderbrechen von The Rest hatte er die Band The Lechers gegründet: „Das war eine Cover-Band", erinnert er sich. „Wir spielten alles nach, ob es nun Klassiker des Motown-Soul waren oder Songs von Elvis Costello." Als John die Lechers auflöste, konzentrierte er sich mit der nächsten Band wieder auf selbstgeschriebene Stücke: „Wir nannten uns The Wild Ones. Der Bandname stammte aus dem Titel eines Songs von Tom Petty, denn Tom Petty hatte mir schon immer mächtig imponiert. Wir spielten damals jeden Sonntagabend unten in Asbury, in einem Club namens Fast Lane. Und unsere Songs waren gar nicht übel."

Nur machte damals, im Sommer 1982, Bruce Springsteen den Konzerterfolgen der

Wild Ones einen dicken Strich durch die Rechnung – ausgerechnet Springsteen, dem Bongiovi mehr noch als Tom Petty nacheiferte. „Sonntags", erzählte John später in einem Interview, „durften wir wohl deshalb in dem Club spielen, weil an diesen Abenden in New Jersey ohnehin nicht viele Kids ins Konzert gingen. Also waren wir schon auf einiges gefaßt, was die Zuschauerzahlen anging. Aber dann kam es während dieser ‚Summer Days', wie der Clubbesitzer die Konzerte nannte, doch schlimmer, als wir erwartet hatten: Jeden Sonntag kamen weniger Zuschauer. Das Schlimmste aber war, daß die Leute auch noch gingen, während wir auf der Bühne standen."

Den Grund für das mangelnde Interesse der Rockfans erfuhr John schnell: Ebenfalls in Asbury, nicht weit vom Fast Lane entfernt, stand Bruce Springsteen Sonntag für Sonntag im Club Stone Pony mit einigen Musikern auf der Bühne und improvisierte zu den ersten Songideen für sein nächstes Album, das ihm – was natürlich damals noch niemand wußte – unter dem Titel „Born In The USA" weltweit Verkaufsrekorde bescheren sollte.

Bongiovi nahm's mit Galgenhumor – zumindest für ein Interview, das er dem Magazin SPIN im November 1988 gab: „Als Springsteen auf diese Weise an zehn Abenden hintereinander vor ausverkauftem Haus improvisiert hatte, während wir unsere Zuschauer an einer Hand abzählen konnten, gingen wir dazu über, bereits um acht Uhr abends mit unserem Auftritt zu beginnen. Also waren wir gegen elf fertig, schalteten unsere Verstärker aus und gingen rüber ins Stone Pony, um Springsteen noch ein bißchen zuzuhören." Im Jahr darauf konnte John sogar miterleben, wie Bruce Springsteen die Sessions in Asbury zu Hits formte: Springsteen produzierte das Album *Born In The USA* im New Yorker Studio Power Station, in dem John auch zu diesem Zeitpunkt noch als „Mädchen für alles" aushalf. Und Johns späterem eigenem Erfolg nach zu urteilen, nutzte er diese Gelegenheit, von Springsteen und seinen Mitmusikern einige Tricks aufzuschnappen, nach Kräften.

Zurück ins Jahr 1982: In anderen Clubs hatten John Bongiovi und seine Band The Wild Ones mehr Glück als im Fast Lane. Und durch zahlreiche Konzerte überall in New Jersey hatten sie schließlich eine gewisse Berühmtheit erlangt. Doch die Plattenfirmen winkten jedesmal ab, wenn der ehrgeizige Nachwuchsmusiker aus Sayreville wegen eines Plattenvertrags anfragte. „Kein Hitpotential", hieß es da. „Wozu noch eine Hardrockband?" fragten andere. Wann immer John Bongiovi Demo-Bänder zu den Talentscouts der Plattenfirmen trug, stieß er auf gelangweilte Manager, die dem Newcomer keine Erfolgschancen einräumten. Vor allem einer seiner Songs hatte es John Bongiovi selbst angetan: *Runaway,* ein rockig arrangierter, tempogeladener Ohrwurm, für den John eine bestechende Mischung aus traditionellem Rock'n'Roll, dem kratzigen Sound seines musikalischen Vorbildes Rush, geschickt gesetztem Chorgesang und treibendem Rhythmus gelang. „Im Grunde hing die Gründung von Bon Jovi auch damit zusammen, daß keine der Plattenfirmen Interesse an meinen Songs zeigte – die Band gründete ich, weil *Runaway* überraschend ein Hit geworden war. Niemand hatte daran geglaubt, daß dieser Song ein Erfolg werden könnte. Und schon gar nicht daran, daß er es ohne die Unterstützung einer Plattenfirma schaffen konnte, ohne von einer richtigen Band live vorgestellt, ohne von Produzenten oder Managern gefördert zu werden. Ich hatte nach einer Weile die Nase gestrichen voll von diesem ständigen Klinkenputzen bei den Plattenfirmen und davon, daß sie mich ständig wieder vor die Tür setzten. Und schließlich sagte ich mir: ‚Pfeif drauf, Junge! Ich gehe jetzt zu einer Radiostation – schließlich vergeben sich die Leute dort nichts, wenn sie mir sagen, ob ihnen das Stück nun gefällt oder nicht.' Ich spielte es

einem Moderator namens Chip Hobart vor, und ihm gefiel die Nummer. Ohne ihn wäre *Runaway* wohl irgendwann auf dem Müll gelandet."

Schließlich wurde *Runaway* – durch die Mithilfe von Chip Hobart – auf einem Sampler veröffentlicht, der neue Bands aus der New Yorker Szene vorstellen sollte. John: „Es war eine Platte, die nur lokal erscheinen sollte – das Album war nie dafür gedacht, außerhalb New Yorks verkauft oder gespielt zu werden."

Daran, daß das dennoch geschah, hatten wiederum einige Radiostationen schuld: Sie spielten vor allem Bongiovis Song *Runaway* immer wieder, bis sich das Stück im Programm von etwa 25 Radiosendern als Dauerbrenner durchgesetzt hatte. Der angenehme Nebeneffekt für John: Die Unterstützung durch die Rundfunkstationen bescherte ihm schnell wachsende Fangemeinden in Chicago, Tampa und in einigen anderen Städten, die günstigerweise über die gesamten Vereinigten Staaten verteilt waren. Der Umstand, daß Bongiovi das alles ohne ein einziges Konzert erreicht hatte, machte ihn nun doch noch zu einem interessanten Musiker für die Talentsucher der Plattenfirmen. Und das wiederum brachte ihm – endlich – den ersehnten Plattenvertrag ein.

Doch der wäre dann um ein Haar nicht zustande gekommen. Der Grund: John und sein Vetter Tony hatten sich verkracht, weil Tony der Meinung war, John sei nur durch seine Mithilfe zu plattentauglichen Songs gekommen. Dafür, so teilte er seinem Vetter mit, stünde ihm zunächst einmal ein sechsstelliger Dollarbetrag zu – sozusagen als erste Abschlagszahlung. Außerdem müsse ihm John einen ansehnlichen Anteil an künftigen Tantiemen überlassen, und schließlich seien Studiorechnungen noch nicht bezahlt und persönliche Schulden von John noch nicht beglichen worden.

BON JOVI
VOM SOLO-PROJEKT ZUR BAND

Die Verantwortlichen der Plattenfirma Mercury, mit der sich John schon handelseinig geworden war, wurden nervös – und John reagierte schnell, einigte sich mit Tony außergerichtlich und bezahlte ziemlich hohes Lehrgeld: Die Rede ist von 200 000 Dollar plus einer Beteiligung an den Tantiemen zu einigen der Songs.

Dabei beteuert John Bongiovi noch heute, daß Tony als Produzent keinen Anteil an seinem Erfolg gehabt habe: „Er hat mich als billige Hilfskraft benutzt, und wenn ich etwas im Studio aufnahm, hat er das sofort von meinem Geld abgezogen – oder ich mußte sogar noch draufzahlen. Er hat mir keine Tips gegeben, er hat mich nicht gefördert."

Kein Wunder also, daß er auf seinen Vetter zweiten Grades heute nicht mehr besonders gut zu sprechen ist. (1984, in einem Interview mit dem Musikmagazin EAST COAST ROCKER, klang John noch weit versöhnlicher: „Ohne Tony wäre ich nicht der, der ich heute bin.")

Immerhin ging der Streit zwischen den „lieben Verwandten" – vom Geld einmal abgesehen – glimpflich aus: Der Veröffentlichung von Johns erster Platte stand nun nichts mehr im Wege. Nur eines vielleicht: Der Name des Bandleaders, so hieß es in der Chefetage der Plattenfirma, klinge zu italienisch und sei für die amerikanischen Rockfans zu schwer auszusprechen. Und welcher Amerikaner wußte schon, daß der Familienname Bongiovi durchaus als ein gutes Omen für die Karriere des Rockmusikers hätte gelten können? John: „Bongiovi soll, so habe ich gehört, in der italienischen Sprache von ‚glückliche Jugend' oder ‚glückliches Leben' abgeleitet worden sein."

Daß daraus letztendlich Bon Jovi werden sollte, stand anfangs gar nicht zur Debatte. „Wir", erzählte John später, „hätten uns für meine Band ebensogut für Victory oder einen ähnlich abgelutschten Namen entscheiden können. Aber *Runaway* hatte – wenn auch nur im kleinen Maßstab – bereits als Song eines Burschen namens Bongiovi den Durchbruch geschafft. Und wir wollten auf keinen Fall das Publikum unnötig verwirren. Ich hatte außerdem keine Lust, irgendeinen Gruppennamen zu erfinden und dann den Song *Runaway* plötzlich dieser neuen Gruppe zuzuschreiben – schließlich war *Runaway* eher eine Solo-Produktion von mir. Auf der anderen Seite wollte ich mich aber auch nicht als Solo-Musiker allzusehr in den Vordergrund schieben. Die Plattenfirma schlug mir unter anderem Johnny Lightning und die Soundsos vor. Dann wieder sollte ich mich Robin Soundso nennen. Es ging hin und her. Nur eines war uns allen ziemlich schnell klar: Der Familienname Bongiovi in seiner bisherigen Schreibweise kam nicht in Frage. Und schließlich sagte der Chef der A & R-Abteilung *(sie ist für die künstlerischen Belange einer Plattenfirma zuständig – Anm.d.Autors)*: ‚Warum ändern wir nicht einfach die Schreibweise des Familiennamens, streichen den Vornamen – und schon haben wir eine neue Band, die an den alten Namen anknüpft.' Damit war allen gedient. Die Plattenfirma hatte ein verkaufsträchtiges Etikett, meine Mitmusiker mußten sich nicht als fünftes Rad am Wagen fühlen – und ich hatte, was ich schon immer wollte: eine eigene, richtige Band." So sehr der Name auf ein Ein-Mann-Unternehmen John Bongiovis – pardon: Jon Bon Jovis – schließen ließ, sosehr das Debüt-Album eher eine Solo- als eine Gruppenproduktion war, so sehr waren die fünf Musiker, die sich jetzt nach ihrem Sänger und ehrgeizigsten Mitglied benannt hatten, doch in den vergangenen Monaten zu einer richtigen Band zusammengewachsen.

Tico Torres – Schlagzeug

„Ich sah Tico zum ersten Mal live, als er für eine Band namens Lord Gunner spielte", erinnert sich Jon Bon Jovi. Und Jons erster Eindruck von Tico Torres, der seinen eigentlichen Vornamen Hector vor den meisten Fans verheimlichen konnte, war nicht der beste: „Er hatte Vinny Mad Dog Lopez ermals etwa 16 Jahre alt, und ich war total entsetzt: Wie konnten diese Typen von Lord Gunner nur Vinny Lopez aus der Band werfen – und sein Nachfolger mußte ja schon aus diesem Grund wirklich fürchterlich sein. Ich hielt ihn für ein Arschloch, weil er Vinny Lopez seinen Job ‚abgeluchst' hatte. Aber als ich dann hörte, was er aus seiner ‚Schießbude' herausholtewar ich bekehrt. Später arbeitete er unter anderem mit Toto. Und als wir Jahre später einen Drummer suchten und mir unser Bassist Alec erzählte, Tico sei gerade ohne festes Engagement, fragte ich sofort zurück: „Tatsächlich? O Mann – glaubst du, daß er bei uns einsteigen würde?"

Alec John Such – Baß

Jon Bon Jovi: „Alec spielte in einer Cover-Band, in einer Gruppe, die in ihren Konzerten die Songs anderer Bands nachspielte. Ich hatte mir die Gruppe oft angesehen, sie hieß Phantom's Opera. Meine Güte, wenn diese Gruppe eigene Songs gespielt hätte, wäre sie früher oder später unweigerlich berühmter gewesen als Kiss oder Judas Priest oder sonstwer. Die spielten Queen-Songs besser, als das Queen selbst jemals konnten. Eine erstaunliche Band. Allein der Leadsänger war der Hammer. Aber irgendwie konnten sie sich nie dazu aufraffen, eigene Songs zu schreiben. Vielleicht hatten sie nie den Drang dazu, weil sie an einem Abend zwischen 3000 und 4000 Dollar verdienten – und zwar an fünf Abenden die Woche, das ganze Jahr hindurch. Daran kann man sehen, wie lebendig die Clubszene in New Jersey damals war. Eines Tages wurde der Sänger krank – ich glaube, er hatte Krebs oder etwas ähnlich Schlimmes. Er starb wenig später daran."

David Bryan – Keyboards

Dieses schmucke Pseudonym legte sich etwa zur Zeit der Veröffentlichung des Albums „Bon Jovi" ein alter Bekannter zu, mit dem Jon Bon Jovi bereits seit Jahren in verschiedenen Bands zusammengespielt hatte: David Rashbaum, der sich aus seinen beiden Vornamen David und Bryan einen gefälligen Künstlernamen gebastelt hatte. Warum er sich umbenannte? „Ich hatte es irgendwann einfach satt, jedermann erklären zu müssen, daß mein Nachname mit der jüdischen Herkunft meiner Familie zu tun hatte." Doch auch unter neuem Namen arbeiteten Dave und Jon so gut zusammen wie eh und je. Und das, obwohl sie sich zwischenzeitlich einmal für eine Weile aus den Augen verloren hatten. Jon Bon Jovi: „Wir hatten schon in einigen Bands miteinander gespielt, bevor Dave nach unserem bis dahin größten Gig in New York an die Musikhochschule wechselte. Dort studierte er noch, als ich gerade Bon Jovi zusammenstellte. Er ist ‚Mr. Schmalz' (*das ist in englischer Sprache netter gemeint als im Deutschen – Anm.d.Autors*). Er hat sogar schon einmal Klavier in der Cocktail-Bar eines Etablissements namens Pink Elephant gespielt, weil sein Vater ihn dazu gedrängt hatte. Dort spielte er Schnulzen wie *Feelings* und all solches Zeug."

Richie Sambora – Gitarre

„Ich sah Richie zum ersten Mal auf der Bühne, als er im Vorprogramm von Joe Cocker spielte. Er trat mit einer Rockband auf, die mit ihren Songs etwa zwischen Styx, Queen und Led Zeppelin pendelte – und die mit einigem Einsatz (aber ohne Erfolg) versuchte, Karriere zu machen." Als Jon Bon Jovi dem Magazin SPIN im April 1987 schilderte, wie er die Musiker seiner Begleitband ausgewählt hatte, fiel der Kommentar zu Richie Sambora am kürzesten aus. Dabei hatte Sambora den eindrucksvollsten Auftritt – und spielte anschließend die musikalisch wichtigste Rolle in der Gruppe. Als Richie Sambora seinen künftigen Bandkollegen zum ersten Mal auf der Bühne erlebte, war er auf Anhieb begeistert von dem jungen Sänger und Gitarristen aus Sayreville. „Dieser Bursche hat das Zeug zum Star", soll er gesagt haben. Zu diesem Zeitpunkt hatte Jon Bon Jovi seine Band bereits zusammengestellt – nur ein Leadgitarrist fehlte noch. Und damit, da war sich wiederum Richie Sambora sicher, konnte nur er gemeint sein …

Also kletterte er nach dem Konzert zu den Musikern auf die Bühne und teilte Jon mit: „Wir sollten zusammenarbeiten. Ich bin übrigens dein neuer Leadgitarrist."

SAMBORA & BON JOVI
DAS ERFOLGSGEHEIMNIS DER BAND

Jon Bon Jovi war – wen wundert's? – einigermaßen sprachlos. Aber als er sich wieder gefaßt hatte, schien ausgerechnet Richie Samboras ungewöhnliches Auftreten Jons Interesse zu wecken. Bon Jovi: „Ich sagte mir, wenn einer so rotzfrech daherkommt und wie selbstverständlich eine derart große Klappe riskiert, muß er tatsächlich etwas können." Wobei Jon erst viel später erfuhr, daß Sambora nur bedingt „eine große Klappe riskierte" – denn in bezug auf seine bisherigen Engagements stapelte er eher tief. Er erzählte Jon, er habe mal zu einer Heavy-Metal-Band gehört, die beim Label Swan Song (gegründet von den Mitgliedern der Supergruppe Led Zeppelin) unter Vertrag war. Und er erwähnte, daß er mit einer Funkjazz-Band eine Platte für Capricorn, die Plattenfirma der Allman Brothers, eingespielt hatte. Außerdem hatte Richie vor Jahren mit Jons Bassisten Alec in einer Band namens The Message zusammengespielt, beide hatten außerdem schon als Begleitmusiker von Joe Cocker gearbeitet.

Was Richie Sambora veschwieg: Er besaß längst eine eigene Plattenfirma, ein kleines Independent-Label. Er war von der Hardrock-Band Kiss – damals schon beinahe auf der Höhe ihres weltweiten Ruhms – zum Vorspielen eingeladen worden, weil die Band ihn als Leadgitarristen verpflichten wollte.

Und er hatte „Schauspielerfahrung" gesammelt: In „Staying Alive", einem der erfolgreichsten Kinofilme der Disco-Welle, hatte er den Gitarristen in jener Band gemimt, zu deren Klängen sich John Travolta den durchtrainierten Tänzerkörper verrenkte. Zur Gitarre war Sambora erst auf Umwegen gekommen. Er hatte Unterrichtsstunden für Akkordeon, Trompete, Klavier und Saxophon absolviert, aber keines dieser Instrumente, so erzählte er später, habe ihm die Möglichkeit geboten, Gefühle möglichst nachvollziehbar in Musik umzusetzen. Irgendwann muß er sich wohl daran erinnert haben, daß er als siebenjähriger Knirps eines Morgens in Rock'n'Roll-Manier mit einer Spielzeuggitarre vor dem Garderobenspiegel posiert hatte. Er besorgte sich eine richtige Gitarre, ließ den Garderobenspiegel Garderobenspiegel sein und brachte sich die ersten Akkorde und Riffs bei. Bereut hat er es nie, obwohl er inzwischen auch die Vorzüge des Saxophons schätzen gelernt hat: „Die Gitarre", schwärmt er und grinst, „ist so etwas wie meine erste große Liebe."

Ausgehend von Rhythm & Blues, Blues und Jazzrock entwickelte sich Sambora schnell zu einem Virtuosen auf seinem Instrument, der sich selbst „mehr oder weniger als einen Gitarristen der alten Schule" einschätzt. Was das für ihn bedeutet? Sambora: „Mir ist es wichtiger, mit meiner Spielweise die Idee eines Songs zu unterstützen, als mit halsbrecherischer Geschwindigkeit übers Griffbrett zu hetzen. Wie das Schreiben von Songs sollte auch das Spielen eines Instruments ein Mittel zur Kommunikation sein, nicht zur Selbstbefriedigung – und deshalb sind mir schlichte, aber gut gemachte Arrangements lieber als abgehobene Geniestreiche."

Wie auch immer: Jon bat Richie Sambora, in den nächsten Tagen für eine gemeinsame Probe mit den anderen Mitgliedern der Band vorbeizukommen – und nach der Probe hatte Richie Sambora den Vertrag als Leadgitarrist von Bon Jovi in der Tasche.

Innerhalb der Gruppe entwickelte sich Sambora danach schnell zu einem wichtigen Gegenpol zu Bandleader Jon Bon Jovi. So bildete er mit Jon auf Anhieb ein prächtig zusammenarbeitendes Songwriter-Team – schon auf dem Debüt-Album *Bon Jovi* stammen einige der Songs aus der gemeinsamen Feder von Jon Bon Jovi und Richie Sambora.

Mit dem Erfolg von *Runaway* kam die Karriere von Bon Jovi Anfang 1984 schnell in Schwung. Die Single erreichte, nachdem sie ja schon vor der offiziellen Veröffentlichung häufig im Radio gespielt worden war, Platz 11 der „airplay charts" – der Hitliste also, die nach der Häufigkeit der Rundfunkeinsätze zusammengestellt wird. Und in den Verkaufscharts kletterte die erste Single der Rockband immerhin auf einen respektablen Platz unter den Top 40. Sechs Wochen nach Erscheinen des Debüt-Albums *Bon Jovi* waren von der LP mehr als 100 000 Exemplare verkauft, als beste Plazierung in den USA erreichte die Platte wenig später Platz 43.

„Ich stehe – im positiven Sinn natürlich – regelrecht unter Schock wegen unseres Erfolgs mit dem ersten Album", freute sich Jon im Mai 1984 in einem Interview. „Das ist etwas, von dem jeder Musiker träumt – und plötzlich ist es für dich Wirklichkeit geworden. Du hörst deine Songs im Radio, du siehst deinen Namen in den Charts. Ein unglaubliches Gefühl! Das haben wir vor allem den Radio-DJs zu verdanken: Wo immer wir auch aufgetreten sind, überall haben sie unsere Songs ins Programm genommen."

Die Band konnte den finanziellen Segen, den diese Erfolge mit sich brachten, allerdings auch gut brauchen. Sie hatte sich in Perth Amboy – unweit von New York an der Atlantikküste gelegen – einen Proberaum eingerichtet. „Das war schon ein reichlich finsteres Viertel, in das wir uns da verlaufen hatten", erinnerte sich Jon später an die Anfänge der Band. „Dort ist uns damals eine böse Geschichte passiert. Als ich eines Tages etwas früher kam, um alles für die nächste Probe vorzubereiten, waren zwar noch alle Vorhängeschlösser an den Türen – nur durchs Dach war offenbar jemand in den Proberaum eingestiegen und hatte alles geklaut, was auf dem Schwarzmarkt Geld bringen konnte. Es fehlten alle elektronischen Geräte, die Verstärker, das Mischpult, die Lautsprecher – einfach alles, was eine Band zum Arbeiten braucht. Das bedeutete mehr als 40 000 Dollar Verlust für uns, denn wir waren ‚natürlich' nicht versichert..."

Als größten Nachteil der wachsenden Popularität empfand Jon Bon Jovi den Umstand, daß es nun zu seinen Aufgaben gehörte, Video-Clips zu seinen Single-Titeln drehen zu lassen. MTV, der 1981 gegründete Fernsehsender, hatte mit seinem 24-Stunden-Programm aus Musikvideos und Meldungen aus der Szene im Laufe von nur drei Jahren weltweit eine derart große Bedeutung für die Musikbranche erlangt, daß kaum eine Plattenfirma mehr auf den Einsatz eines der verkaufsfördernden Kurzfilme verzichten mochte. Jon Bon Jovi war das eher ein Dorn im Auge. „Ich hasse Videos", schimpfte er einmal wie ein Rohrspatz. „Wenn mich jemand foltern will, muß er mich nur vor einem Fernsehgerät an einen Stuhl fesseln und mich zwingen, mir unsere ersten fünf Video-Clips anzusehen. Aber fünfmal bist du eben der Dumme, bis du endlich weißt, was gespielt wird. Ganz zu Anfang hatten wir nur eine Platte produziert, und wir waren total begeistert vom Ergebnis unserer Arbeit. Dann kam irgendein Arschloch daher und meinte, man müsse zu *Runaway* unbedingt noch schnell einen Video-Clip produzieren. Doch anstatt wenigstens einen Film über das Thema des Songtextes zu drehen, beschloß der Typ, dem Clip ein Konzept aufzuzwängen, das er sich einfach so aus den Fingern gesogen hatte. Was dabei herauskam, ist der größte Mist, der mir jemals unter die Augen gekommen ist. In dem Video taucht zum Beispiel ein Mädchen auf, aus dessen Augen feurige Blitze schießen. Und damit es vollends in die Hose ging, haben sie sich auch noch um Kostüme für die Bandmitglieder gekümmert: Richie trug während der Dreharbeiten eine Springerjacke und Schuhe, die ihm drei Nummern zu groß waren. Und ständig schmierten sie uns mit einem widerlichen Gel ein, damit wir verschwitzt wirkten. Na ja – am Ende sahen wir alle aus wie die letzten Idioten."

Auch mit den nächsten Video-Produktionen war Bon Jovi nicht sehr zufrieden. „Einmal engagierten wir einen Regisseur, der schon für eine Solo-Platte von Journey-Sänger Steve Perry ein Video gedreht hatte. Ich hatte mir den Film angesehen und fand den Clip erfrischend neuartig. Also beauftragten wir den Regisseur des Films mit der Arbeit an unserem nächsten Video, und die Vorbereitung ließ sich sehr gut an."

„Er verstand die meisten Probleme, die mich zu diesem Zeitpunkt beschäftigten. Er versuchte, sich in unsere Situation hineinzudenken. Er verbrachte viel Zeit mit uns, ging mit uns einen trinken. Tja, und dann legte er los und drehte eben mal für 90 000 Dollar diesen Video-Clip. Seinen blöden Bruder ließ der Regisseur achtmal im Film auftreten, Richie dagegen war gerade einmal im ganzen Clip zu sehen. Um es kurz zu machen: Auch dieses Video war ausgemachter Bockmist."

Mehr Freude hatten Jon Bon Jovi und seine Mitmusiker dagegen während der ausgedehnten Konzertreisen, durch die sie nun überall in den Vereinigten Staaten ihr Debüt-Album populär machen sollten. „Klar", sagte zum Beispiel Gitarrist Richie Sambora 1989 in einem Interview, „auf die Bühne rauszugehen und live zu spielen, ist das Tollste, was du als Rockmusiker machen kannst. Und ich glaube, das ist es auch, als was Bon Jovi von den Fans gesehen wird: als Live-Band. Ich finde das prima, denn gerade auf Konzerte stehen wir alle ungemein. Irgendwie empfinde ich Rock'n'Roll ohnehin als eine Art ‚Kampfsportart', die vor allem durch den Kontakt mit deinem Gegenüber – in unserem Fall eben mit dem Publikum – geprägt ist. Die Energie, die dir an einem solchen Abend aus dem Publikum entgegenschlägt, saugst du als Musiker regelrecht auf. Und daraus beziehst du überhaupt erst die Kraft, eine längere Tournee auch durchzuhalten." Wie 1988/89, als Bon Jovi 16 Monate am Stück auf Konzertreise waren. Sambora: „Nach etwa zwölf Monaten kommst du allmählich kaum mehr auf die Beine, wenn du vielleicht am Vorabend noch ein bißchen Spaß hattest. Und du hockst in der Garderobe und fragst dich: ‚Meine Güte, kann ich's heute abend überhaupt bringen? Ich fühle mich völlig ausgelutscht.' Dann gehst du raus auf die Bühne, die Saalbeleuchtung geht aus, die Köpfe der Fans sehen von oben aus wie ein Haufen Stecknadeln, und das Adrenalin schießt dir durch die Adern und bringt dich im Handumdrehen auf 180. Jede Nacht ist es dasselbe Spiel – du gehst raus, und der Anblick und der Jubel der Kids gibt dir wieder die Kraft, die du brauchst."

Hemmungen, das Vorprogramm von besonders berühmten Bands zu bestreiten, schienen Jon Bon Jovi übrigens noch nie belastet zu haben. 1983, als den Song *Runaway* nur eine Handvoll Fans kannten, wurde ihm angeboten, als Anheizer für das Rocktrio ZZ Top aufzutreten. Jon sagte zu. „Ich fürchte mich in dieser Hinsicht vor niemandem", sagte er 1984. „Gerade wegen meiner Zusage für diese ZZ-Top-Show hielten mich viele für verrückt. Mein Freund Aldo Nova rief mich an und sagte: ‚Johnny, ich bin auch schon mit denen aufgetreten – und als Dank dafür warf mir irgend jemand aus dem Publikum einen Stuhl an den Kopf. Entsprechend angenehm war der ganze Auftritt.' Aber ich sehe die Sache so: Es gibt Chancen, die du wahrnehmen, und Risiken, die du eingehen mußt. Und die Sache mit ZZ Top stellte für mich eine große Chance und ein kalkulierbares Risiko dar. Wenn wir als Band auf die Bühne rausgehen und mit vollem Einsatz unsere Show aufs Parkett bringen, kann sich keiner der Wirkung unserer Songs entziehen."

Die ungebremste Freude der Band an Live-Shows übertrug sich offenbar schon in der Anfangszeit der Gruppe auf die Fans – und auf die Kritiker. „Eine Band wie Bon Jovi in einem so frühen Stadium ihrer Karriere zu erleben, ist schon an sich ein außergewöhnliches Ereignis", schrieben die Journalistinnen Jackie Ferger und Julie Stoll im Magazin STREETBEAT nach einem Auftritt der Gruppe in Buffalo. „Die neuesten ‚schönen Jungs' der Rockszene spielten in Buffalo vor einem erwartungsvollen Publikum, das sie mit hart arrangiertem Rock'n'Roll schnell bis zum Siedepunkt aufgeheizt hatten. Besonders ragten die Songs *Roulette, Burnin' For Love* und *Get Ready* heraus. Verliert Bon Jovi nicht aus den Augen (und Ohren): Sie könnten durchaus schon bald eine der neuen Supergruppen sein." Wie recht die beiden Kritikerinnen mit ihrer Prognose behalten sollten, dürfte damals, Anfang April 1984, wohl kaum einer geahnt haben. Am 24. April 1984 begann die erste US-Tournee von Bon Jovi – als Vorgruppe der deutschen Rockband Scorpions. Und mit den Hardrockern aus Hannover verband Bon Jovi noch Jahre später mehr als eine rein kollegiale Bekanntschaft. „Damals", erinnerte sich Jon einmal, „als wir als Vorgruppe der Scorpions unterwegs waren, hatte die Band mit „Love At First Sting" gerade ein Album in den Top Ten – und doch waren die Jungs ganz anders drauf als viele amerikanische Bands in einer solchen Situation. Keine Leibwächter, keine riesigen Limousinen, keine Arroganz – sie arbeiteten hart und erwiesen sich für uns obendrein als echte Kumpels. Von den Scorpions haben wir während dieser gemeinsamen Tournee eine Menge gelernt." Unter anderem auch die Fähigkeit, sich auf umgeworfene Terminpläne einzustellen. „Ursprünglich", verriet Jon später dem deutschen Musikmagazin FACHBLATT, „sollte die Tour zwei oder drei Wochen dauern. Am Ende waren viereinhalb Monate daraus geworden. Das hat uns zusammengeschweißt. Mit den Scorpions verbindet uns noch heute eine unvergleichliche Freundschaft. Wir tele-

fonieren noch oft miteinander." Mit ein wenig Unterstützung durch die Scorpions kamen Bon Jovi im Herbst desselben Jahres auch zu ihrer ersten Tournee durch Deutschland – als Vorgruppe von Kiss spielten sie im Oktober 1984 unter anderem in Offenbach, München und Düsseldorf. Ein erfolgreiches Unternehmen, auch wenn die Bedingungen für Bon Jovi diesmal nicht so angenehm ausfielen wie als Anheizer der Scorpions. „Wie läuft's mit Kiss?" hatte nach einem der Konzerte der Reporter des Hardrock-Magazins DESASTER gefragt. „Ihr habt ja auf der Bühne kaum Platz zum Umdrehen..." Die Bandmitglieder gaben sich diplomatisch. Richie: „Damit mußt du als Vorgruppe leben." Alec: „Nun – es kommt doch in erster Linie aufs Publikum an." Jon: „Wir müssen mit wenig Platz auskommen, weil sie die große Bühnenfläche für sich haben wollen. Aber das meinen sie nicht böse – sie behandeln uns wirklich gut. Und die Energie, die wir auf unserem kleinen Bühnenraum freisetzen, bringt die Kids ja auch in Schwung." (Später bedankten sich Bon Jovi auf dem Cover ihres Albums *7800° Fahrenheit* auch bei Kiss für die Unterstützung. Jon zum FACHBLATT: „Jeden Abend während der Tour kam Gene Simmons von Kiss zu uns in die Garderobe und fragte, ob auch alles in Ordnung sei.")

Allen deutschen Kritikern, die sich wunderten, daß ein 22jähriger Nachwuchssänger schon so gut mit seiner Stimme umgehen konnte, erklärte Jon Bon Jovi – wie in diesem Fall dem Fachblatt MUSIK SPEZIAL – geduldig: „Man muß sich darüber im klaren sein, daß auch beim Singen keine Nachtigall vom Himmel fällt. Ich habe sechs Jahre an meinem Gesang gearbeitet. Dadurch bin ich natürlich wesentlich besser über Gesang, Stimmtraining und Stimmpflege informiert als Sänger, die sich hinstellen und einfach losträllern. Vor einem Auftritt wärme ich meine Stimme auf, solange es eben nur geht. Außerdem habe ich ein Tonband im Tourgepäck, das mir mein Gesangslehrer aus New York mitgegeben hat – damit bereite ich mich sehr intensiv in der Garderobe auf das Konzert vor. Aufwärmübungen sind unheimlich wichtig für einen Sänger. Gesang ist wie eine Sportart. Kein Athlet geht auf den Sportplatz und läuft 10 000 Meter aus dem Stand, ohne Gymnastik oder Aufwärmübungen zu machen. Genauso ist es tödlich für eine Stimme, wenn einer auf die Bühne geht und losschreit. Man muß mit Stimmbändern sehr behutsam umgehen. Und deshalb rauche ich nicht und trinke sehr selten mal ein Glas Wein. Beachtet das einer nicht, kann man verfolgen, wie seine Stimme mit den Jahren tiefer und dunkler wird. Er kann dann natürlich sagen: ‚Hey, Leute – meine Stimme hat jetzt den echten Blues!' Aber in Wirklichkeit ist die Stimme im Eimer." Nur sieben Monate später standen Bon Jovi schon wieder auf deutschen Konzertbühnen – diesmal als Headliner. Jon sah die Vorteile des Umstands, nun selbst der Top-Act zu sein, eher pragmatisch: „Na ja", meinte er, „wir können uns jetzt ein bißchen mehr Zeit für den Soundcheck lassen."

Als sich Bon Jovi 1987 für ein Konzert auf den Bahamas, in der Inselhauptstadt Nassau ankündigten, standen dort die Fans mehr kopf, als es der örtlichen Polizei lieb sein konnte: Knapp zwei Monate vor dem Konzert wurden die Kassenhäuschen zum ersten Mal geöffnet – und zahlreiche Fans kampierten schon in der Nacht zuvor auf dem Platz vor der Halle, um nur ja nicht die Gelegenheit zu verpassen, eines der begehrten Tickets zu ergattern. Am nächsten Morgen versuchten 5000 Jugendliche, die Kassen zu stürmen, die Polizei mußte eingreifen. Als die Eintrittskarten vergriffen waren, kam es zu Schlägereien, und einigen Fans wurden die Tickets wieder gestohlen. Und auch wenn solche Zwischenfälle kein Rockmusiker gerne wahrnimmt, zeigte die Epsiode in Nassau doch, daß Bon Jovi es geschafft hatten, sich weltweit als Konzertattraktion durchzusetzen. Und das galt beileibe nicht nur für Nassau, für den Rest der USA oder für Europa. „In Japan", erzählte Jon 1985 der Zeitschrift METAL HAMMER, „sind wir ziemlich groß. Unsere neue LP ist dort nach nur drei Tagen vergoldet worden, und unsere letzten zehn Konzerte waren ausverkauft."

Wie sich Jon Bon Jovi während der ausgedehnten Konzertreisen fit hielt, erzählte er Anfang 1989 in einem Interview: „Eigentlich reichen mir die zwei Stunden Sport jeden Abend auf der Bühne vollkommen. Aber vor einer Tour bringe ich mich natürlich mit Jogging, Gymnastik und etwas Krafttraining in Form. Sonst würde ich den Streß nicht durchstehen. Während einer Tournee sind aber nicht nur die Konzerte selbst anstrengend, sondern auch die ständigen Reisen von einem Auftrittsort zum anderen, ganz zu schweigen von eventuellen Zeitverschiebungen." Nur damit ihn da niemand falsch versteht: Jon Bon Jovi sah durchaus die Strapazen einer solchen Konzertreise – aber ohne Tourneen schien er nicht mehr auskommen zu können (und wollen). Noch 1989, als er in etwa vier Jahren mehrere hundert Konzerte auf allen Kontinenten gegeben hatte, schwärmte er: „Ich kann nicht genug davon bekommen. Was war ich denn, bevor ich als Rockmusiker auf Tournee gehen konnte? Da habe ich auf einem Schrottplatz gearbeitet, ich habe in einem Fast-Food-Restaurant bedient, war sogar mal Schuhverkäufer. Überall bin ich nach einer Weile rausgeflogen. Mit der Musik ist das etwas ganz anderes – darauf brenne ich regelrecht. Zigtausend Kids warten darauf, daß wir endlich zu ihnen kommen und live spielen. Überall fliegen wir mit unserem Tour-Jet hin – ist das nicht toll? Sicher, es ist schon manchmal anstrengend. Aber wenn du dann am Abend vor 20 000 Kids auf der Bühne stehst und sie dich bejubeln – dann ist alles vergessen. Das ist aufregender als alles andere im Leben. Ich kann mir gar nicht mehr vorstellen, nicht mehr auf Tour zu gehen."

Bevor sich Bon Jovi allerdings den Luxus leisten konnten, sich zu ihren Konzerten einfliegen zu lassen, gingen längere Tourneen schon an die Substanz. Richie Sambora erinnerte sich mit Schrecken: „Bevor wir dieses Flugzeug hatten, war es manchmal schon eine rechte Schinderei. Wir hockten in diesem Bus – das kann dir mit der Zeit ganz schön auf den Keks gehen. Jeder hat nur eine winzige Ecke zur Verfügung, in die er sich mal zurückziehen kann, wenn er mal für ein paar Minuten seine Ruhe will. Wehe, wenn einer mal durchhängt – ruck-zuck steckt er die anderen mit seiner Laune an. Das Flugzeug ist wirklich ein Segen. Für uns bedeutet es vor allem den Vorteil, daß wir zwischen den Konzerten in Betten schlafen können, die nicht ständig hin und her schaukeln. Aber natürlich kostete es uns schon eine gewisse Überwindung, bis wir uns entschlossen, so viel Geld für diese Maschine auszugeben – aber es ermöglichte uns ja auch, länger auf Tournee zu gehen und vor mehr Kids zu spielen, als das ohne Flugzeug jemals möglich gewesen wäre."

Und so sah ein Tournee-Tag im Leben des Jon Bon Jovi aus: „Ich bin eine unheimliche Schlafratte", verriet er im Sommer 1989 in einem Interview. „Wenn ich aber genügend geschlafen habe, spiele ich morgens gerne eine Weile Tennis oder schwimm' eine Runde im Pool – wenn ihr Presseleute mir nicht die Zeit dafür mit Interviews und Fotosessions stehlt." Das läßt sich aushalten. Und auch Jon würde nur eines daran ändern wollen: „Wenn ich zaubern könnte, würde ich jeden Abend nach dem Konzert nach Hause kommen – zum Entspannen. Aber das geht leider nicht..."

Das letzte Stück ihres Weges an die Spitze der internationalen Rockszene schafften Bon Jovi mit ihrem 1986 erschienenen Album *Slippery When Wet*. Und wie viele andere Gruppen, die ihren Aufstieg mit konstanten Leistungen über Jahre hinweg vorbereitet und dadurch einen Bestseller überhaupt erst ermöglicht hatten, schienen auch Bon Jovi mit den Hits aus *Slippery When Wet* für all diejenigen Rockfans, die nicht aus New Jersey stammten oder zum eher eingeschworenen Zirkel der Szene-Insider gehörten (und die hatten Bon Jovi für das zweite Album *7800° Fahrenheit* immerhin eine Goldene Schallplatte eingebracht!), beinahe aus dem Nichts zu kommen.

Die Zahlen, die im Zusammenhang mit dem Album *Slippery When Wet* und den Singles *You Give Love A Bad Name, Livin' On A Prayer* und *Wanted Dead Or Alive* gemeldet wurden, stellten auch tatsächlich alle bisherigen Erfolge von Bon Jovi bei weitem in den Schatten: Innerhalb der ersten fünf Monate nach seiner Veröffentlichung verkaufte sich das Album allein in den Vereinigten Staaten fünfmillionenmal, die Platte hielt sich unglaubliche 46 Wochen in den amerikanischen Top Ten, die Single *You Give Love A Bad Name* wurde Bon Jovis erster Nummer-1-Hit in den USA, und *Livin' On A Prayer* führte wenig später ebenfalls die US-Hitliste an.

Für die LP gab's von der Jury des begehrten American Music Award – eine Art „Oscar" der Popszene – einen Preis als beste Pro-

duktion. Und obendrein verhalf *Slippery When Wet* seinen beiden Vorgängern *Bon Jovi* und *7800° Fahrenheit* nachträglich noch zu Platin-Auszeichnungen.

„Das Album", erinnerte sich Jon im Interview mit der Jugendzeitschrift BRAVO im November 1986, „sollte ursprünglich *Wanted Dead Or Alive* heißen. Aber ich war mit diesem Titelvorschlag nie so richtig glücklich gewesen. Das klang für meine Ohren viel zu ernst und viel zu hart – es war irgendwie nicht mein Stil. Und während der Produktion der Platte saßen wir eines Abends in einem Strip-Lokal in Vancouver und diskutierten zum soundsovielten Mal über den Titel und die Gestaltung des Covers. Wir waren schon richtige Stammgäste in diesem Schuppen. Nach der Arbeit im Studio gingen wir oft in den Schuppen rüber, um noch einen zu trinken. Die Mädchen kannten uns schon – und anscheinend waren sie richtig scharf auf uns. Na ja, an diesem bewußten Abend jedenfalls hatten sie sich was ganz Tolles für die allabendliche Show ausgedacht: eine Dusch- und Badeszene zu fünft auf offener Bühne mit Wasser, Seife und allen Schikanen. Sie kamen extra nahe an unseren Tisch ran, weil wir anfangs eine ganze Weile praktisch keine Notiz von ihnen genommen hatten. Und als sich schließlich eines der Girls über unseren Tisch beugte, grapschte ich spaßeshalber nach ihr. Natürlich rutschte ich an ihrer eingeseiften Haut ab und konnte sie nicht festhalten, aber in diesem Augenblick hatten wir den Album-Titel: Glitschig bei Nässe – Slippery When Wet. Später gab es übrigens noch eine wilde Party in der Garderobe der Girls..."

Von den Stripperinnen einmal abgesehen, hatten sie auch dem Songwriter Desmond Child für *Slippery When Wet* zu danken: An vier Songs – darunter an den Top-Hits *You Give Love A Bad Name* und *Livin' On A Prayer* – hatte Child mitgeschrieben. Zuvor hatte er – Ende der 70er Jahre – mit einer eigenen Band namens Rouge zwei Alben aufgenommen, für deren Songs er unter anderem den Part des Keyboarders und des Sängers übernommen hatte. 1983 arbeitete er unter anderem auch als Sänger an der ersten Solo-LP von Springsteens Saxophonist Clarence Clemons mit – wie Springsteen selbst übrigens auch. „Mit Jon Bon Jovi und Richie Sambora schrieb ich insgesamt vier Top-5-Hits", erzählte er 1991 in einem Interview. „Jon wirkt auf mich wie einer dieser ewig jugendlichen Typen – er scheint nie älter zu werden. Springsteen hält er immer noch für einen Gott, die Band Van Halen und ihren damaligen Sänger David Lee Roth vergöttert er ebenfalls. Und wenn du ihn dir nun auf der Bühne ansiehst, bemerkst du, wie er sich mal in Springsteen verwandelt, mal in David Lee Roth. Ich glaube, die Kids lieben ihn vor allem, weil er im Grunde ein Fan geblieben ist wie sie."

Im Studio allerdings wurde der „Fan" zum Profi. Child: „Er kommt ständig mit einer Unmenge von Ideen an, er engagiert sich unglaublich für eine Produktion. Allerdings hat das Komponieren für *New Jersey* nicht mehr ganz soviel Spaß gemacht, wie für *Slippery When Wet* – Jon fühlte sich durch den riesigen Erfolg mit *Slippery When Wet* wohl enorm unter Druck gesetzt. Und vielleicht wollte er auch ein bißchen beweisen, daß er als Songwriter sehr wohl ohne mich auskommen konnte." Beide kamen allein aus: Jon Bon Jovi schrieb später für den Soundtrack *Blaze Of Glory* einen herrlichen Song nach dem anderen – und Desmond Child komponierte unter anderem für Richie Samboras damalige Freundin Cher den Hit *Just Like Jesse James*.

Auch Jon Bon Jovi konnte allerdings nicht ohne mehr oder weniger wahre (zumindest aber interessant ausgeschmückte) Anekdoten über willige Groupies und wilde Feten auskommen, die männliche Fans bei der Stange halten sollten. Aber immerhin stolzierte der Amerikaner nicht wie viele seiner Kollegen mit starrem Blick auf den heimischen „Trophäenschrank" durch die Reihen der Verehrerinnen und trommelte sich bierernst auf die behaarte Heldenbrust. Bon Jovi bewies auch zu diesem Thema augenzwinkernd Humor. Gerade auf *Slippery When Wet,* dessen Titel seine Entstehung einer so hübsch ausgeschmückten Anekdote verdankt, ist mit *Social Disease* ein sehr schönes Beispiel dafür enthalten: Da stöhnt Jon mit einem Mädchen um die Wette – und als er im Stil eines Hundertmeterläufers nur einige Sekunden bis zur Ziellinie braucht und sich mit einem letzten Seufzer selbstzufrieden zurückzulehnen scheint, fragt sie: „That's it?" – war's das schon?

Außerhalb des Studios, in Interviews, versorgte er die Musikpresse mit Schlagzeilen wie „Ich werde auf der Bühne mit BHs beworfen!" Bon Jovi: „Girls sind der Grund, warum du eines Tages die Gitarre in die Hand nimmst und zu singen anfängst. Der Gedanke an die Girls bringt dich doch dazu, daß du auf der Bühne zu toben beginnst. Ich bin mir sicher: Nur für die Girls wurde der Rock'n'Roll überhaupt erfunden. Natürlich lege ich die Mädchen nicht am laufenden Band und der Reihe nach um. Aber manche sind wirklich süß, und sie zeigen mir so deutlich, wie sehr sie auf mich stehen, daß ich dabei nun wirklich nicht kalt bleiben kann. Es ist doch verständlich, daß es mich anmacht, wenn sich während des Konzerts ein Mädchen im Publikum den BH runterreißt und ihn mir ins Gesicht wirft. So etwas gibt es nur in einem Rock'n'Roll-Konzert, wo die totale Ekstase angesagt ist – unter normalen Umständen würde dieses Mädchen das für keinen Mann der Welt tun. Aber an einem solchen Abend suchen die Girls ein wirkliches Abenteuer – und ich auch, einen Augenblick der Ekstase, bevor das normale Leben wieder weitergeht."

Daß er sich mit dieser Antwort dann doch ein bißchen vergaloppiert hatte, merkte Bon Jovi schnell. Dann fügte er ernst hinzu: „Dorothea ist schon seit meiner Schulzeit meine feste Freundin. Das nennt man hier in Amerika ein ‚High School Sweetheart'." Und dann tat er plötzlich ganz entrüstet: „Na ja, ich werde ja kaum wie ein Don Juan von einer zur anderen hetzen. Wofür haltet ihr mich denn? Dieses Theater mit den Mädchen gehört nun mal zur Rock'n'Roll-Szene. Die Mädchen erwarten doch auch gar nicht, daß sich nach einem Konzert etwas Ernsthaftes abspielt – die wollen mir doch nur zeigen, daß sie mich mögen."

1986/87 nahmen bei Jon Bon Jovi die Pläne für ein eigenes Haus Gestalt an. „Ich bin im Begriff, mir ein eigenes Haus zu bauen", erzählte er BRAVO damals. Wo es stehen wird? Wer Bon Jovi kannte und wußte, daß er bis zu diesem Zeitpunkt noch immer im Haus seiner Eltern wohnte, konnte es unschwer erraten. „Ich werde in der Nähe meines Elternhauses bauen. An meinen Eltern hänge ich sehr – ebenso wie an meinen Brüdern Matty und Tony."

„Für die Übergangszeit habe ich mir jetzt erst einmal ein Apartment in Bradley Beach gemietet, hier an der Südküste von New Jersey. Hier kann ich zwischen den Konzerten mal ganz für mich allein sein und richtig ausspannen. New Jersey ist meine Heimat, und der Atlantikstrand ist mir seit meiner Kindheit vertraut. Hier fühle ich mich am wohlsten. Ich muß immer in der Nähe des Meeres zu Hause sein – und auch mein künftiges Haus wird ganz nah am Strand liegen." Doch das eigene Zimmer im Haus der Eltern wollte Bon Jovi damals noch nicht aufgeben: „Das bleibt so, wie es ist – als meine letzte Zuflucht, wenn mal irgend etwas schiefgeht. Meine Eltern sollen das Gefühl haben, daß ich sie letztendlich noch nicht verlassen habe."

Der ungeheure Erfolg mit dem Album *Slippery When Wet* öffnete der Band Bon Jovi endgültig alle Türen im Rockgeschäft. Die Magazine überschlugen sich weltweit mit ihren Lobeshymnen. Und der Musiksender MTV spielte die Video-Clips zu den Hits der amerikanischen Rockstars rund um die Uhr.

„Soweit ich mich erinnere", staunte Gene Cisco, Videokritiker des Magazins SPIN im April 1987, „wurden bisher die Video-Clips zu keinem anderen Album so häufig im Programm von MTV ausgestrahlt wie die zu Bon Jovis *Slippery When Wet*." Und sein Kollege Roger Egbert versuchte, das Phänomen Bon Jovi zu erklären: „Ihre Videos vermitteln dir das Gefühl, gemeinsam mit Bon Jovi auf der Bühne zu stehen – und sie haben den angenehmen Nebeneffekt, daß du nicht befürchten mußt, von fetten Bodyguards herumgeschubst zu werden. Besonders Mädchen können sich durch die Videos in die Rolle von Mitmusikern träumen. Denn vor allem das hebt Bon Jovi gegenüber musikalisch vergleichbaren Bands hervor: Sie erreichen dieselben männlichen Metal-Fans wie die Konkurrenz – darüber hinaus sprechen sie aber auch noch Millionen weiblicher Fans an."

Wie sehr diese Theorie der Wirklichkeit entsprach, „mußte" der Musiksender MTV Anfang 1987 erfahren. Die Redaktion veranstaltete ein Preisausschreiben, dessen vier Gewinner als Gäste von Bon Jovi mit der Band zu den Dreharbeiten des neuen Video-Clips nach Jamaica fliegen durften.

Kramer

Pearl

Pearl

SLIPPERY WHEN WET - STARS OHNE ALLÜREN

750 000 (!) Teilnahmekarten gingen bei MTV ein. Und gut zwei Jahre später setzte MTV mit einer weiteren Verlosung noch eins drauf: Der TV-Sender hatte Jon Bon Jovis Elternhaus gekauft, nachdem Jons Eltern in ihren vier Wänden „dank" besonders hartnäckiger Fans kein Auge mehr hatten zutun können. „Meine Berühmtheit", erzählte Jon der Zeitschrift BRAVO 1989, „hat natürlich auch für meine Eltern Folgen gehabt. Ständig belagerten Fans unser Haus und die Straße, in der unser Haus steht. Meine Eltern hatten keine ruhige Minute mehr. Die Fans rannten ihnen sprichwörtlich die Tür ein, weil sie dachten, ich sei zu Hause. Deshalb haben wir beschlossen, das Haus öffentlich zu versteigern."

Wie gesagt: Das Rennen machte MTV – und die Station verschenkte das Gebäude gleich weiter an den Gewinner des besagten Preisausschreibens. Tat es Jon leid, sein Elternhaus auf diese Weise zu „verlieren"? Jon: „Ja und nein. Einerseits sind natürlich viele Erinnerungen damit verbunden – andererseits will ich auch, daß meine Eltern wieder wie normale Menschen leben können, ohne ständig von meinen Fans bedrängt zu werden. Außerdem sind die Gewinner des Hauses, Judy und Jay, ganz liebe Menschen, die mich jederzeit willkommen heißen. Das Haus ist also letztendlich für mich gar nicht ‚aus der Welt'."

Apropos: Mit den Fans haben Jon Bon Jovis Eltern heute eher mehr zu tun als zu den Zeiten, da sie sie regelrecht belagerten. Jons Mutter leitet den einzigen offiziellen Bon-Jovi-Fanclub „Backstage With Bon Jovi". „Zuerst war ich sehr dagegen", gab Jon einmal zu. „Ich wollte nicht, daß sie so viel Arbeit wegen mir und meiner Band hat. Sie wollte es aber unbedingt – und sie macht ihren Job ausgezeichnet. Inzwischen kann kein anderer Fanclub mehr mit dem von Mutter konkurrieren!"

Trotz all des Rummels um *Slippery When Wet*, trotz all der Hits in aller Welt und der Tatsache, daß Bon Jovi nun endgültig zum kleinen Kreis der Superstars in der Rockszene zählte, schien sich der Sänger und Gitarrist aus Sayreville einen sympathischen Schuß Naivität erhalten zu haben: Bruce Springsteen, sein Idol aus alten Tagen, war für ihn immer noch eine lebende Legende – und nicht der Kollege, mit dessen Erfolg Bon Jovi damals durch Top-Hits wie *You Give Love A Bad Name*, *Livin' On A Prayer* und *Wanted Dead Or Alive* fast schon gleichgezogen hatte. „Springsteen habe ich ja schon immer bewundert. Irgendwie ist er immer mein Vorbild gewesen. Und jetzt, nachdem unser Album *Slippery When Wet* auf Platz 1 in den Charts geklettert ist, da hat mir Springsteens komplette E Street Band Glückwünsche geschickt – alle haben unterschrieben. Mann, da war ich richtig stolz! Mir, einem 24jährigen Anfänger, schicken diese alten Rock'n'Roller eine Gratulation – das fand ich schon toll..."

Überhaupt schienen sich die Bandmitglieder von Bon Jovi durch den internationalen Durchbruch, den ihnen die Hits aus *Slippery When Wet* bescherten, nicht sehr verändert zu haben. „Ich glaube nicht", meinte auch Jon, „daß wir uns gegenüber früher großartig verändert haben. Wir versuchen einfach, in unserem Job unser Bestes zu geben, um uns mit unserer Arbeit, unserer Musik zu bewähren. Wir sind nach wie vor ganz normale Typen." Und auch Richie Sambora machte nicht viel Aufhebens von seiner Rolle als Superstar der Rockszene. „Klar habe ich mich verändert", lachte er. „Ich esse heute gerne Sushi, diese rohe Fischspezialität aus Japan. So etwas konnte ich früher nicht mal ansehen. Aber im Ernst: Das Tolle an unserer Band ist, daß wir noch immer in gewisser Weise in unserer Heimat New Jersey verwurzelt sind – das war auch der Grund dafür, daß wir eines unserer Alben „New Jersey" genannt haben. Zu erklären, was ich meine, ist nicht ganz einfach. Es hat mit der Kameradschaft zu tun und mit diesem familiären Ton, die die Band prägen. Und falls wir uns gegenüber früher überhaupt in irgendeiner Weise verändert haben sollten, dann dahingehend, daß wir uns innerhalb der Band nähergekommen sind."

Und obwohl die Musikmagazine fast immer Jon Bon Jovi als Bandleader und Sänger (der er war), aber immer wieder auch als alleinverantwortlichen Songwriter (der er nicht war) in den Mittelpunkt ihrer Beiträge über die Band stellten, schien Jon keine Ambitionen auf Solo-Erfolge zu entwickeln. „Was ich mir für die Zukunft wünsche? Ich würde gerne weiterhin alles genau so machen können wie jetzt. Ich will nicht meine eigene Talkshow im Fernsehen haben oder irgend etwas in dieser Art. Oder: Warum sollte ich mich plötzlich zu Leuten anders benehmen, als ich das früher tat? Warum sollte ich plötzlich Allüren entwickeln, nur weil wir ein bißchen Erfolg hatten? Viele Leute bewerten über, was ich tue. Könnt ihr euch vorstellen, wie es mich nervt, wenn ich in meine alte Stammkneipe gehe und dort nach meinem Image als Musiker behandelt werde? Behandelt werde, wie sie das für einen Typ für richtig halten, der ich in Wirklichkeit gar nicht bin? Meine Güte – ich mache meinen Job, und ich versuche, ihn gut zu machen. Punkt, aus. Natürlich scheint es ein guter Job zu sein, denn er sorgt dafür, daß ich in einer Menge guter Restaurants meistens einen freien Platz finde. Aber für mich gilt, was für alle anderen Bandmitglieder gilt: derselbe Bursche wie früher, er steckt höchstens in neuen Schuhen. In New Jersey werde ich heute im Prinzip auch nicht anders behandelt als vor Jahren – denn ich muß, *(er lacht)* noch immer Eintritt bezahlen, wenn ich in einen Club will."

Auch finanziell blieb Jon offenbar mit beiden Beinen fest auf dem Boden. „Das Geld, das ich mit der Musik verdiene, wird vernünftig angelegt. Das kommt auf die Bank – denn schließlich muß ich ja auch an später denken. Wer weiß schon, wie lange eine solche Karriere als Rockmusiker anhält? So verrückt bin ich schon nicht, daß ich jetzt plötzlich damit beginne, mein ganzes Geld auf den Kopf zu hauen – keine Angst."

Nur eine Verrücktheit gestattete sich Jon Bon Jovi als Reaktion auf den weltweiten Erfolg seiner Band: Damals ließ er sich auf den linken Oberarm das Wahrzeichen des mit übernatürlichen Kräften ausgestatteten Comic-Helden Superman tätowieren. „Das bedeutet aber auf gar keinen Fall, daß ich mir jetzt vorkomme, als wäre ich Superman persönlich", wehrte er später in einem Interview ab. „Das Tattoo ist etwas Persönliches. Und ich habe es ganz für mich allein machen lassen – 1987, weil ich das als das Jahr unseres internationalen Durchbruchs empfand. Die einzige Beziehung zum Comic-Superman war vielleicht die, daß ich kurz zuvor ‚Fliegen' gelernt hatte – allerdings an einem Drahtseil befestigt. Ursprünglich hatte ich mir ‚Bon Jovi – New Jersey' eintätowieren lassen wollen, aber der Tätowierer riet mir davon ab, weil es zu sehr einem Rocker-Abzeichen ähnlich gesehen hätte. Er meinte, daß Rocker sol-

che nachgemachten Abzeichen nicht sehr gerne sehen würden und sie mir *(grinste er)* vielleicht meinen Arm abreißen würden. Da hab' ich's lieber gelassen..."

Etwa zur selben Zeit entdeckte er das Motorradfahren als neues Hobby. „Aber ich fahre meistens alleine, niemals im Pulk", beruhigte er die Fans Anfang 1989 im BRAVO-Interview. „Leider habe ich nur selten Zeit für mein Motorrad. Aber im nächsten Monat spielen wir wieder auf Hawaii, und da werden Alec und ich zwei Harleys mieten und eine heiße Spritztour unternehmen. Darauf freue ich mich schon jetzt!" Bon Jovis Manager, Doc McGhee, sah das natürlich etwas anders. Jon lachend: „Der hat jedesmal Schweißausbrüche, wenn ich unterwegs bin – schlimmer als meine Mutter, sag' ich dir. Natürlich ist Motorradfahren nicht ganz ungefährlich. Aber ich fahre sehr vorsichtig und setze immer einen Helm auf, obwohl das nicht in jedem US-Bundesstaat Pflicht ist." Damit war er offenbar vorsichtiger als der Mann, der sich um ihn Sorgen machte: Bon Jovis Manager Doc McGhee wurde im Frühjahr 1988 vor Gericht zitiert, weil er – so die Anklage – rund 18 Kilogramm Marihuana in Anglerstiefeln versteckt in die USA eingeschmuggelt habe. McGhee gestand, zeigte sich reuig – und vielleicht rechnete ihm das Gericht auch den Umstand als mildernd an, daß er mi dem so verdienten Geld nur die Karriere der von ihm betreuten Bands Mötley Crüe und Bon Jovi hatte ankurbeln wollen. Doc McGhee kam mit einem blauen Auge davon.

Zurück zur Musik: Die LP *New Jersey* erschien im Herbst 1988. Jon: „Ursprünglich sollte das Album *Sons Of Beaches* heißen. Aber wir sind eben eine Band aus New Jersey – und irgendwann fanden wir Gefallen an der Idee, unsere Platte nach unserem Heimatstaat zu nennen. Natürlich bringt jeder New Jersey mit Bruce Springsteen in Verbindung – aber mir ist nicht bekannt, daß er den Staat inzwischen gekauft hätte..." Dennoch mußten Bon Jovi einen Plan wieder fallenlassen: *New Jersey*, verriet Gitarrist Richie, „war zwischenzeitlich als Doppelalbum geplant – aber die Kosten dafür wären letztendlich zu hoch gewesen; die Plattenfirma hat sich in dieser Hinsicht quergestellt. Aber macht nichts: Durch die ‚zuviel' eingespielten Songs haben wir nun jede Menge Material für Single-B-Seiten, Spezial-Maxis und dergleichen mehr."

Als sich im Winter 1988 das Album *New Jersey* zwar gut verkaufte, aber weit hinter den Rekordzahlen zurückblieb, die Bon Jovi mit *Slippery When Wet* vorgegeben hatten, sahen einige Kritiker den Stern der US-Band bereits wieder untergehen. Jon blieb gelassen. „Was soll ich dazu sagen?" zuckte er in Interviews zu diesem Thema die Schultern. „Natürlich freut man sich, wenn man 18 Millionen Platten verkauft. Aber vier oder fünf Millionen sind doch auch eine ganz nette Summe. Enttäuscht kann ich da wohl nicht sein. Für mich ist die Hauptsache, daß uns die Fans treu bleiben. Und in den Konzerten sieht es ohnehin anders aus: Manchmal müssen wir sogar noch einen Abend dranhängen, weil der Andrang so groß ist. Gerade in Deutschland waren die Hallen ja gerammelt voll – die deutschen Fans sind richtige Rock'n'Roller!" Und überzeugte Bon-Jovi-Fans – nicht zuletzt weil Jon und Band im November 1988 einen freien Tag während ihrer Europa-Tour genutzt hatten, um mit einigen anderen Hardrock-Musikern im kleinen Städtchen Ramstein ein Benefiz-Konzert zu geben. Dort hatte Wochen zuvor der Absturz von drei Militärmaschinen während einer Flugvorführung 70 Menschenleben gefordert – für die Überlebenden spielten Bon Jovi und Kollegen rund 90 000 Mark ein.

Ein „richtiger Rock'n'Roller" war auch Jon Bon Jovi – und wie als Beweis dafür stürzte er sich, obwohl er es als etablierter Rockstar eigentlich etwas ruhiger hätte angehen

lassen können, mehr denn je in die Arbeit als Musiker und Songwriter. Vor allem im Teamwork mit seinem Freund, dem Bon-Jovi-Gitarristen Richie Sambora, mauserte sich Jon zum gefragten Songwriter für prominente Musikerkollegen.

Und noch immer war nicht abzusehen, wann der *workaholic* Jon Bon Jovi einen Gang zurückschalten würde. „Natürlich", sagte er 1988, „stimmt es, daß ich schon eine Menge Geld mit der Musik verdient habe. Wahrscheinlich genug, um mich zur Ruhe zu setzen. Schön und gut, aber das interessiert mich herzlich wenig. Schau: Wenn du mir anbieten würdest, auf mein bisher verdientes Geld noch einmal die doppelte Summe draufzulegen, wenn ich mit der Musik aufhören würde, müßte ich nicht lange überlegen: Ich würde ablehnen, klarer Fall. Für mich gibt es nichts Größeres, als Abend für Abend auf die Bühne rauszugehen und eine gute Live-Show hinzulegen. Für mich ist jedes Konzert eine neue Herausforderung. Und für jedes Konzert gehen wir auf die Bühne und lassen uns von den Fans an dem Anspruch messen, den wir an uns selbst stellen."

Daß ihnen das bei aller Spielfreude nicht immer leichtfällt, gibt Jon Bon Jovi gerne zu: „Ganz zu Anfang unserer Karriere hatten wir ein Konzert in England vereinbart. Kein Mensch kannte uns, und aus irgendeinem, mir auch heute noch nicht nachvollziehbaren Grund waren die Leute dort von Anfang an gegen uns eingestellt – die sahen uns schon mißtrauisch an, als wir noch keinen einzigen Ton gespielt hatten. Die Atmosphäre in der Halle war derart angespannt, daß wir glaubten, die würden alle nach Hause gehen, wenn nicht sofort etwas ganz Tolles passierte. Und ausgerechnet da passierte es: Gerade als wir auf die Bühne kamen, fiel die komplette Verstärkeranlage aus! Aus unseren Gitarren kam nur ein lächerliches Zirpen. Und das Schlagzeug klang, als ob jemand zaghaft an die Tür klopfen würde. Von Singen konnte na-

AND'S
IT!
DES

türlich auch keine Rede sein – das Mikrofon war ‚tot'. Was tun? Da fiel mir meine akustische Gitarre ein, die hinter der Bühne lag. Ich flitzte nach hinten, schnappte mir das Ding, rannte zum Bühnenrand und spielte für die Leute aus dem Stegreif und ohne Verstärker einen Tom-Petty-Song nach dem anderen, bloß damit sie nicht wegliefen. Ich kam mir vor wie ein Idiot, aber es hat gewirkt: Die Leute haben uns danach wohl als echte Rockband anerkannt, sie honorierten es, daß ich mir in einer derart peinlichen Situation zu helfen gewußt hatte. Nach einer Viertelstunde hatten die Techniker die Verstärkeranlage wieder repariert, und das Konzert wurde noch ganz gut."

Ein anderes Beispiel, das auch demonstriert, wie zäh sich Bon Jovi in lästige Kleinarbeit verbeißen kann, wenn es um den Erfolg seiner Musik geht: „Kurz bevor *Slippery When Wet* erschien, traten wir im Budokan in Tokio auf. Dort ein Konzert zu geben, gilt in den Augen der Fans als eine tolle Sache, aber eigentlich ist es eine ziemliche Tortur: Die Garderoben sind der letzte Dreck, es gibt nicht mal einen Waschraum – und fast jede Verstärkeranlage klingt in diesem Monstrum von einer Halle wie ein jämmerliches Transistorradio. Es ist also kein angenehmes Pflaster, aber es ist eben Budokan – und deshalb zerreißt du dich, um die Konzerte dort eben so gut wie nur möglich über die Bühne zu bringen. Als wir also damals das Konzert planten, gingen wir von den bisherigen Verkaufszahlen aus und schätzten, daß unsere Popularität in Japan allemal ausreichen würde, Budokan in einen ausverkauften Hexenkessel zu verwandeln. Als wir schließlich in Tokio auf dem Flughafen ankamen, begrüßte uns der Tournee-Promoter für Japan mit der Mitteilung, daß bisher gerade mal 4500 von 10 000 Tickets verkauft worden seien. Das war natürlich ein Schock – wer will schon in einer nicht einmal zur Hälfte gefüllten Riesenhalle auftreten? Also gab ich in den Tagen, die uns noch bis zum Auftritt blieben, jeder Fernseh- und Rundfunkstation, jedem Zeitungs- und Zeitschriftenreporter, den ich zu fassen bekam, ein Interview. Das brachte uns noch einmal 3 500 Zuschauer mehr ein – zur ausverkauften Halle reichte es zwar nicht mehr, aber 8 000 Leute waren immerhin ein respektables Ergebnis. Und unter diese 8 000 Fans hatte ich den Chefredakteur von BURN gelockt, eines in Japan sehr einflußreichen Heavy-Metal-Magazins. Ich hatte ihn während meiner Interview-Aktion getroffen und ihn gefragt: ‚Warum bin ich nie auf dem Cover deines Magazins zu sehen?' – ‚Ich halte euch für zu soft, ihr klingt mir als Rockgruppe nicht hart genug. Um es kurz zu machen: Ich finde deine Band nicht besonders gut.' – ‚Hör zu', sagte ich ihm daraufhin, ‚schau dir unsere Show im Budokan an – und wenn es nicht das tollste Konzert wird, das du jemals erlebt hast, dann schreib meinetwegen nie wieder auch nur eine Zeile über uns. Aber wenn wir dir die beste Rockshow deines Lebens liefern, will ich noch in diesem Jahr zweimal auf der Titelseite deiner Zeitschrift zu sehen sein!' Ich habe den Hundesohn regelrecht herausgefordert. An diesem Abend sang ich auf der Bühne, als wäre es die letzte Live-Show meines Lebens. Ich gab alles, weil ich den Kids im Publikum, den Kritikern und nicht zuletzt auch mir selbst beweisen mußte, daß wir als Rockband auch wirklich etwas taugten. Wie auch immer: Wir bekamen in BURN nicht nur zwei Cover in diesem Jahr – wir kamen zum Einstand gleich zweimal hintereinander aufs Titelblatt und waren danach auch ganz gut in dem Magazin vertreten."

Mit anderen Zeitschriften liefen solche Vereinbarungen nicht immer so glatt ab. Und während eines Interviews mit dem Magazin SPIN nahm Bon Jovi im November 1988 auch kein Blatt vor den Mund, als es um eine nicht eingehaltene Zusage von dessen Chefredakteur Bob Guccione ging. „Sagen wir mal so", begann er, „eure Zeitschrift behandelte uns bisher nicht gerade freundschaftlich. Guccione versprach mir im vergangenen Jahr, mich aufs Titelblatt zu nehmen, wenn ich euch ein Interview geben würde. Also sagte ich zu und ließ für die Fotos wirklich fast alles mit mir machen. Und dann erschien das Heft, und vom Titelblatt grinste Madonna. Sie hatte keine aktuelle Platte in den Läden stehen, und das Foto auf dem Spin-Titel war eine alte Aufnahme. Guccione sagte mir später, er habe sich in letzter Sekunde anders entschieden. Da lach' ich doch! Oder nehmen wir den ROLLING STONE: Die hatten ein Bild von mir auf dem Titel, nachdem sie zuvor allen möglichen Mist über unser Album verzapft hatten – ich glaube, sie nannten uns den dritten Abklatsch von Quiet Riot. Na ja, und die Ausgabe mit mir auf dem Cover wurde zu ihrer bestverkauften Nummer..."

Jon Bon Jovi und die Musikpresse – ein weites Feld. Nur auf eine Journalistin ließ er nichts kommen: auf Jane Scott vom Cleveland Plain Dealer, die schon die Beatles während ihrer ersten US-Tournee interviewte und heute im amerikanischen Musikjournalismus als lebende Legende gilt. Jon: „Sie hat mich immer gut behandelt. Ihre Artikel über uns waren schon immer ausge-

Jon Bon Jovi hat gut lachen: Der sympathische Musiker ist sowohl solo als auch als Stimme der Band erfolgreich.

zeichnet geschrieben." Ansonsten galt: „Wenn ich daran denke", so sinnierte er 1989 im Januar-Heft der Zeitschrift METAL MUSCLE, „was ich in diesem Jahr wieder alles in Interviews sagen werde oder angeblich gesagt habe, graust es mich schon heute! Ich will nicht falsch zitiert werden – und nicht falsch verstanden. Ich will euch Journalisten eigentlich nur meine neue Platte in die Hand drücken und dann hoffen, daß ihr sie mögen werdet. Ich jedenfalls mag sie, ich halte sie für gut."

Zu Plattenkritiken, sagte er einmal in einem Interview, habe er ein eher zwiespältiges Verhältnis. „Ich will natürlich, daß die Leute unsere Musik mögen. Andererseits sind die Kritikerlieblinge in der Rockszene längst nicht immer diejenigen, die auch die meisten Platten verkaufen. Wir machen unsere Alben nicht für die Kritiker. All die Journalisten bekommen unsere Platten gratis zugeschickt, ebenso wie ich. Es sind die Kids, die für die Platten Geld ausgeben – und deswegen sollte es doch ihre Meinung sein, nach der man sich musikalisch am ehesten richtet. Wir spielen unsere neuen Songs vor ihrer Veröffentlichung immer erst einigen Jugendlichen vor und lassen sie auch mitentscheiden, welche der Stücke wir schließlich mit auf die Langspielplatten nehmen. Ich hatte meine Songs früher dem A & R-Mann meiner Plattenfirma vorgespielt, einigen Kritikern und ein paar Leuten aus dem Rockbusinss. Sie hörten sich die Demo-Kassette an und klopften mir ständig die Schultern breit, sagten: ‚Yeah, toll, riesig!' Und weg waren sie."

„Für das Album *Slippery When Wet* stellte ich die Songs zunächst etwa 50 Kids vor, die wir ins Studio eingeladen hatten – und die hörten sich die Stücke wirklich kritisch an. Sie mochten einige, und einige fanden sie miserabel. Aber sie hatten eine Meinung, setzten sich mit der Musik wirklich auseinander. Und so kam es auch dazu, daß wir *Wild Is The Wind* und *Stick To Your Guns* schon auf *Slippery When Wet* veröffentlichten – ich wollte die beiden Songs eigentlich erst ein Album später verwenden, aber die Kids waren total begeistert von den Stücken." Auf das Urteil seiner Fans scheint Bon Jovi ohnehin mehr zu geben als die meisten seiner Kollegen. Und er bezog sie gelegentlich mehr in seine Arbeit ein, als das Profis hinter den Kulissen auf den ersten Blick gut fanden. Ein schönes Beispiel ist die Entstehung des Video-Clips zu *Bad Medicine* – mit seiner unorthodoxen Produktionsweise löste Jon auch gleich das leidige Problem mit den bisherigen Kurzfilmen, die ihn und die Band seiner Meinung nach nicht richtig präsentiert hatten. „Wir luden eine ganze Menge Jugendliche ein und baten sie, uns zu filmen, während wir in einer für die Dreharbeiten gemieteten Halle den Song *Bad Medicine* spielten. Wir verteilten 200 Videokameras an die Kids – übrigens meine ich, wenn ich ‚Kids' sage, nicht Kinder, sondern Fans. Ich würde sie gerne ‚Freunde' nennen, doch das würde wohl sehr gekünstelt und berechnend klingen. Aber zurück zum Video für *Bad Medicine*: Wir sagten den Kids, daß sie filmen sollten, was immer ihre Phantasie anregte – ob das nun der Parkplatz, ihre Schuhe oder wir hinter den Kulissen waren. Anfangs waren sie sich wohl noch nicht so ganz sicher, ob wir das auch ernst gemeint hatten. Aber nach einer Weile rückten sie uns ganz ohne Scheu auf die Pelle, ließen uns praktisch nirgendwohin gehen, ohne von einer Kamera verfolgt zu werden. Sie nahmen ihren Job höllisch ernst, sie kletterten regelrecht ins Schlagzeug hinein, um eine gute Perspektive einzufangen."

Bon Jovis Plattenfirma hatte offenbar weniger Vertrauen in die filmischen Fähigkeiten der Fans. Um nicht zu riskieren, daß die Miete für Halle, Lightshow und Verstärkeranlage zum Fenster hinausgeworfen wurde, engagierten sie sicherheitshalber noch ein professionelles Filmteam. „Als uns dann später das fertige Video vorgespielt wurde, fragte ich Wayne, den Regisseur, wie viele von den Szenen und Bildern denn nun von den Profis stammten – es waren ganze drei Einstellungen von den mindestens 500 im ganzen Video!" Immerhin schienen die Musiker von Bon Jovi mit der Arbeit von Regisseur Wayne Isham zufriedener zu sein als mit der seiner Vorgänger. Besonders Gitarrist Richie Sambora konnte als interessierter Zuschauer in Studio und Schneideraum offenbar nicht genug bekommen. „Tja", sagte er während der Nachproduktion von *Bad Medicine*, „ich hänge hier die ganze Zeit herum, auch um sicherzugehen, daß nichts schiefgeht. Außerdem liebe ich es, mir anzusehen, wie diese Leute mit verschiedenen Kameraeinstellungen und verschiedenen Belichtungstechniken arbeiten.

Mit Wayne Isham bin ich inzwischen ziemlich eng befreundet – und ich finde, er ist ein brillanter Regisseur. Der wird noch exzellente Filme machen." Vor allem in Sachen Filmgestaltung nahm Richie Tag und Nacht Anschauungsunterricht: „Ich studiere im Zusammenhang mit dem Video-Clip derzeit die verschiedensten Formen von Unterhaltungsfilmen", erzählte er dem Pop-Magazin SMASH HITS. „Nachts ziehe ich mir bis sechs Uhr morgens ununterbrochen Filme rein – und das jede Nacht. Erst sehe ich mir einen Streifen im Kino an, dann gehe ich nach Hause und schiebe eine Videokassette nach der anderen in den Recorder. Letzte Nacht habe ich mir unter anderem ‚St. Elmo's Fire' angesehen." Ob er selbst denn durch das Beobachten der Profis ebenfalls filmischen Ehrgeiz entwickelte? „Um Gottes willen – nein! Ich bleibe bei dem, was ich am besten kann: Ich gehe mit Frauen aus. Ein schwerer Job, aber einer", lachte er, „muß ihn ja machen..."

Und er mußte sein „Handwerk" wohl verstehen: Nur kurze Zeit, nachdem er und die wegen ihrer zahllosen Schönheitsoperationen immer wieder in die Schlagzeilen geratene Schauspielerin und Sängerin Cher sich kennengelernt hatten, galt Richie Sambora als fester Freund der exzentrischen Schönen. Auch in Bon Jovis Privatleben tat sich einiges – und wer weiß, – vielleicht war dies einer der Gründe dafür, daß Jon 1989 verstärkt sein Faible für herzzerreißende Balladen entdeckte: Er feierte Hochzeit mit Dorothea Hurley. Nach einer heftigen Affäre mit der Schauspielerin Diane Lane und einem entsprechend heftigen Streit mit Dorothea hatte sich Jon mit seiner

Jugendfreundin längst wieder versöhnt. Aber vom Heiraten hatte er noch im Winter 1988/89 zumindest für die absehbare Zukunft nicht sehr viel wissen wollen. „Ja, ich will heiraten – aber erst, wenn ich erwachsen bin", lachte er. „Und das kann noch eine ganze Weile dauern." Keine zwölf Monate später war er dann doch verheiratet. „Na ja", gab er hinterher zu, „unverhofft kommt eben oft. Ich hätte es bis vor kurzem ja selbst noch nicht für möglich gehalten."

Einigen weiblichen Fans dürfte es ähnlich ergangen sein – und sie hatten wohl Dorothea im Verdacht, sich den begehrten Junggesellen nach vielen Versuchen endlich geangelt zu haben. Jon Bon Jovi winkte ab: „Die Hochzeit war wirklich meine Idee, nicht die Dorotheas. Als ich sie in Las Vegas zum ersten Mal fragte, ob sie meine Frau werden wolle, hielt sie das zunächst für einen Scherz und sagte ‚nein'. Okay, ich muß zugeben, daß ich kurz zuvor in einer Spielhölle ein paar Dollar gewonnen hatte und leicht angetrunken war. Am nächsten Tag fragte ich aber noch einmal, und sie sagte ‚ja'. Wir trugen während der Hochzeitszeremonie in der Graceland Wedding Chapel nur Jeans und Lederjacken. Als Trauzeugen hatten wir uns einen Fernfahrer von der Straße geholt. Wir wollten keinen großen Wirbel veranstalten, noch nicht mal unsere Eltern waren bei der Hochzeit dabei."

Jon Bon Jovi und seine Frau: „Die Hochzeit war wirklich meine Idee, nicht die Dorotheas. Wir trugen während der Hochzeitszeremonie in der Graceland Wedding Chapel nur Jeans und Lederjacken."

Das Alltagsleben des frisch verheirateten Rockstars änderte sich durch die Hochzeit allerdings nicht allzu sehr. „Na ja", schmunzelte er, „ich bin, ehrlich gesagt, kein besonders guter Hausmann. Und ich reiße mich auch nicht gerade darum, einer zu werden... Aber klar: Wenn's unbedingt sein muß, fasse ich schon mit an." Und Kinder, so erzählte er weiter, seien im Hause Bon Jovi zunächst auch nicht „geplant" – aber mit seinen Prognosen für die absehbare Zukunft hatte er sich ja schon einmal geirrt...

Jedenfalls wußte Jon Bon Jovi schon Anfang 1989, wie er reagieren würde, wenn er einen Sohn hätte und der ihm eröffnen würde, er wolle unbedingt Rockmusiker werden. „Ich würde ihm sagen: ‚Gut, mein Junge! Das ist der beste Job, den du dir vorstellen kannst – aber hart ist er auch. Wenn du Sänger in einer Rockband bist, ist das ganze Jahr hindurch Weihnachten für dich!' Ich würde ihn mit allen Mitteln unterstützen."

Und daß diese Mittel zumindest in finanzieller Hinsicht ausreichend vorhanden waren, zeigte auch das neue Haus in Rumson Park, in das Jon und Dorothea schon vor ihrer Hochzeit gezogen waren. Der Ort lag – wen wundert's? – nur etwa eine halbe Autostunde von Jons Heimatstadt Sayreville entfernt. Für Jon betrug die Fahrtzeit wohl noch etwas weniger als eine halbe Stunde, denn an seinem freien Tag, den er sich meistens tatsächlich freitags gönnte, machte er sich gerne im neuen Ferrari auf diesen Weg. Der Ferrari – im Spätherbst 1990 begeisterte sich Jon für den flachen Flitzer aus Italien. „Er hat nur 3000 Meilen auf dem Tacho! Fühlst du, wie leicht er sich fahren läßt?" fragte er damals einen Journalisten, der neben ihm in jeder schnell genommenen Kurve eine Spur bleicher wurde. „Ich liebe diesen Wagen. Aber ich benutze ihn so gut wie nie. In die Stadt kannst du mit ihm nicht fahren, das schadet ihm nur. Und parken kannst du ihn ohnehin nirgends – also fahre ich nur hier draußen ein wenig mit ihm herum. Nach unserer letzten Tournee klemmte ich mich hinter sein Steuer, legte eine CD ein und fuhr ziellos in der Gegend herum. Eigentlich ist es eine Schande, daß ich das nicht häufiger machen kann."

Seine beinahe kindliche Freude an dem teuren Sportwagen paßte gut zu seinem sonstigen Faible für alles Italienische: „Italien ist mir das liebste Urlaubsland", hatte er einmal geschwärmt. „Meine Vorfahren stammen aus Sizilien – und im Telefonbuch fand ich dort auch tatsächlich einige Bongiovis, allerdings nur Namensvettern, denn alle meine Verwandten sind ja vor vielen Jahren nach Amerika ausgewandert. Mitgenommen haben sie ihre Liebe zu Italien – und mir haben sie eine Schwäche für italienisches Essen vererbt: Pizza und Spaghetti könnte ich eigentlich jeden Tag essen. Ich muß nur auf meine Linie achten. Wenn ich zuviel Pasta esse und Wein trinke, nehme ich sofort zu."

„Nach der *Slippery*-Tour", erzählte Jon Bon Jovi Anfang 1989, „haben wir erst einmal Möbel gekauft und die Zimmer eingerichtet." Reporter, die in sein neues Haus eingeladen wurden, haben berichtet, daß dies John und Dorothy recht gut gelungen sei: Die Zimmer seien in einer Mischung aus modernem Mobiliar und Landhausstil gehalten. Eine Wand quelle über vor Platin-Schallplatten, was Jon Bon Jovi aber eher peinlich gewesen zu sein schien: „Meine Güte, hoffentlich schreibt nun niemand, dem Typen sind seine Erfolge so zu Kopf gestiegen, daß er eine Wand mit den Platinscheiben tapeziert. Aber die hängen hier, weil ich Kindskopf sonst womöglich nicht glauben kann, daß ich tatsächlich hier lebe und all diese Plattenpreise wirklich gewonnen habe..."
Ein Büro hatte er sich ebenfalls eingerichtet – hier hingen gerahmte Bilder von Jon, mit und ohne Band. Zusammen mit Gratulationsschreiben von Michael Jackson bis

Cher füllten sie fast eine ganze Wand des Raums. „Im Keller des Hauses", erzählte er, „richte ich mir gerade ein neues Aufnahmestudio ein, wo ich optimal an neuen Songideen basteln kann. Irgendwie bin ich jetzt immer beschäftigt, wenn ich mal frei habe. Nur mit handwerklichen Arbeiten bin ich vorsichtig geworden. Einmal wollte ich einen Tisch reparieren und mußte dafür Holz hacken. Ich haute so ungeschickt drauf, daß der Stiel der Axt brach und ich mir beinahe die Hand abgehackt hätte..."

In anderer Hinsicht bewies Jon Bon Jovi da schon mehr Geschick. Zum Beispiel, wenn es darum ging, sich in der Nähe seines neuen Domizils ohne Störungen durch übereifrige Fans zu bräunen: Er setzte sich eine Sonnenbrille auf, ging gemeinsam mit seiner Großmutter zum Strand und aalte sich unerkannt in der Sonne.

Als er im August 1989 mit seiner Band Neuland betrat, ließ Jon seine Großmutter zu Hause. Bon Jovi tourten erstmals durch die Sowjetunion. „Das wird ein ganz heißes Ding", schwärmte Jon schon Monate zuvor. „Zusammen mit Cinderella, Mötley Crüe, den Scorpions und Skid Row treten wir im Olympiastadion von Moskau auf. Darauf freu' ich mich schon tierisch. Unsere Kumpels, die Scorpions, haben uns während unseres letzten Deutschland-Aufenthalts vor Weihnachten 1988 eine Menge von den russischen Fans erzählt. Die Scorpions spielten ja 1988 zehnmal hintereinander in Leningrad und waren total begeistert. Die russischen Fans müssen in Sachen westlicher Rockmusik ja regelrecht ausgehungert sein. Ich steh' wahnsinnig auf Glasnost und Perestroika, und ich will mit meinen Mitteln dazu beitragen, daß sich Ost und West besser verstehen und miteinander auskommen. Ich bin zwar nur der Sänger einer Rock'n'Roll-Band, aber vielleicht kann ich auch ein bißchen helfen. Ich hoffe, daß sich Gorbatschow und Bush immer gut verstehen – denn nichts ist wichtiger als der Weltfrieden."

Seine Vorfreude schien berechtigt gewesen zu sein – jedenfalls war der US-Rocker auch nach seiner Stippvisite in der Sowjetunion voll des Lobes. „Es war phantastisch", schwärmte Jon. „Das ganze Festival war eine rundum positive Sache. Die Fans flippten total aus – es war ein unbeschreibliches Gefühl für mich. Und dann der Moment, als ich auf die Bühne kam und vor mir 75 000 Fans sah. Ich werde diesen Jubel wohl nie vergessen. Schon die Anreise war eine einzige Party. Von New York aus flogen alle beteiligten Bands zusammen in einer Maschine. Wir hatten eine Boeing 747 gechartert und sie ‚magic bus' getauft (*in Anlehnung an den gleichnamigen Klassiker von The Who – Anm.d.Autors*). An Bord waren außer uns noch die Jungs von Skid Row, Mötley Crüe, Cinderella und Bonham. Bei der Zwischenlandung in London stiegen Ozzy Osbourne zu und in Hannover die Scorpions. Wir hatten unsere Akustikgitarren mit dabei und jammten zu Songs von den Stones, den Beatles und

Sam Cooke. Der Aufenthalt in Moskau war okay. Wir wohnten in einem noblen Hotel, dem Ukraina. Nur das Essen war fürchterlich. Ein Glück, daß wir genug Proviant aus den USA mitgenommen hatten..."

Eines Nachmittags – einen Tag vor ihrem Auftritt im Moskauer Stadion – landeten Bon Jovi während eines Ausflugs in der Arbat-Straße, wo sich in der Umgebung eines großen Einkaufszentrums eine lebendige Straßenmusik-Szene entwickelt hatte. „Wir stellten uns hin", beschrieb Jon für das Jugendmagazin POP/ROCKY, „klappten die Gitarrenkästen auf und fingen an zu spielen. Kein Mensch erkannte uns. Trotzdem blieben viele stehen und hörten uns zu. Satte 15 Rubel sammelten sich in unseren Gitarrenkoffern – das sind umgerechnet rund 30 Dollar."

Jons Fazit des Gastspiels im Osten: „Ich glaube, daß wir mit diesem Festival und mit der Veröffentlichung der LP *New Jersey* einige Türen geöffnet haben. Es wird in den Ostblock-Staaten bald mehr abgehen denn je in Sachen Rock'n'Roll. Und wenn wir das nächste Mal auf Welttournee gehen, will ich unbedingt auch wieder in der Sowjetunion spielen."

Und auch andere hatten nach dem Bon-Jovi-Konzert in der Sowjetunion Grund zur Freude. „Mit dem Erlös des Konzerts in Moskau und der dazugehörenden Benefiz-LP *Stairway To Heaven – Highway To Hell* werden wir weltweit Drogenkliniken eröffnen." Zur Erklärung: Für das Album spielten unter anderem Bon Jovi und die Scorpions Songs von Bands neu ein, von denen eines oder mehrere Mitglieder an Drogen gestorben waren – darunter Rockklassiker von Led Zeppelin, von The Who und Thin Lizzy. Jon: „Außerdem werden amerikanische Ärzte in die Sowjetunion eingeflogen, um dort russische Ärzte und Therapeuten zu unterstützen. Umgekehrt werden auch russische Ärzte nach Amerika fliegen, um sich dort in Drogenkliniken umzusehen und Therapie-Methoden mit US-Ärzten auszutauschen. "Hoppla, dürften sich spätestens jetzt einige Fans aus frühen Tagen gefragt haben: Bon Jovi auf dem Benefiz-Trip? Eine der populärsten Hardrockbands der Welt auf dem Weg zur Politkapelle, Rockshouter Jon Seite an Seite mit Mutter Teresa? „Nein, nein", winkte Jon Bon Jovi ab. „Ich sehe mir ab und zu die Nachrichten im Fernsehen an, um informiert zu sein. Und natürlich betrifft es mich ebenso wie alle anderen, wenn in Brasilien der Regenwald schonungslos gerodet wird, wenn sich das Ozonloch ständig vergrößert, wenn Flüsse und Luft verschmutzt werden – aber ich werde keine Songs über diese Themen schreiben. Die Gruppe Bon Jovi ist keine politische Band im Stil von U 2, und ich heiße auch nicht Bono Vox. Um nicht mißverstanden zu werden: Ich stehe total auf U2 und ihre Musik, aber wir machen halt was anderes. Ich will nicht mitten im Konzert, wenn die Kids gerade total in Ekstase sind, stoppen und den Zeigefinger heben: ‚So, liebe Kinder, und jetzt reden wir über die Rodung des Regenwaldes!' Das gehört meiner Auffassung nach nicht in eine Rock'n'Roll-Show. Eine Rock-Show soll Unterhaltung sein, die Kids den öden Alltag für zwei, drei Stunden vergessen lassen. Aber ich bin mir durchaus bewußt, was für eine verheerende Wirkung Umweltzerstörung jeglicher Art haben kann. Auf unserer Tour durch Australien machten wir einen Tagesausflug ins australische Hinterland. Der Fremdenführer sagte uns, daß das Ozonloch über dem Südpol gar nicht weit entfernt von der Gegend sei, in der wir uns aufhielten. Als er uns das bewußt machte, sind wir schon ziemlich erschrocken..."

1990 erschien das Album, das für viele Fans das Ende der Band Bon Jovi dokumentierte: *Blaze Of Glory*, der Soundtrack zum gleichnamigen Western. Mit dem ersten Teil dieses Spektakels aus der Blütezeit der Revolverhelden hatten sich die jungen Schauspieler Emilio Estevez, Kiefer Sutherland, Lou Diamond Phillips und Christian Slater als Filmstars für das kommende Jahrzehnt empfohlen. „Young Guns", der erste Teil, hatte das totgeglaubte Genre des Western in den USA wieder ein wenig populärer gemacht – und das zu einem Zeitpunkt,

als wohl noch nicht einmal Kevin Costner an seinen mit Oscars geradezu überschütteten Erfolg mit „Der mit dem Wolf tanzt" gedacht haben dürfte. Die Branche hatte aufgehorcht: Da ließ nicht nur ein Film aus einem jahrelang verödeten Genre die amerikanischen Kinokassen klingeln, sondern der Streifen kam obendrein auch ohne arrivierte Stars aus, präsentierte sogar vier Idole in spe.

Und die vier genannten „Young Guns" nutzten ihre Chance. Kiefer Sutherland, der Sohn des arrivierten Schauspielers Donald Sutherland, pflegte sein Image als rotzfreches Nachwuchsgenie auf der Leinwand in Filmen wie „Flatliners" und privat mit einer recht heftig verlaufenden Romanze mit „Pretty Woman" Julia Roberts. Emilio Estevez und Lou Diamond Phillips zählen heute zu den begehrtesten Jungdarstellern Hollywoods. Und Christian Slater hat für viele seit seiner Rolle als aufmüpfiger Moderator eines Piratensenders („Hart auf Sendung") fast schon Kultstatus erreicht – prompt wurde er wenig später für „Robin Hood – König der Diebe" engagiert, wo er einen Halbbruder von „Robin Hood" Kevin Costner spielte.

Kein Wunder, daß die vier Jungmimen einwilligten, einen zweiten Teil ihres gemeinsamen Erfolgsfilms zu drehen. Und eigentlich war es auch kein Wunder, daß Jon Bon Jovi sofort zusagte, als ihm angeboten wurde, für den Western einige Songs zu schreiben. Jon: „Die Schauspielerin Ally Sheedy, die ja mal für kurze Zeit mit Richie Sambora zusammen war, hatte mir den Schauspieler Emilio Estevez während einer Party vorgestellt.

Emilio war es, der mir als erster erzählt hat, daß ein zweiter Teil von ‚Young Guns' gedreht werden würde – und daß der Regisseur meinen Song *Wanted Dead Or Alive* für den Film-Soundtrack haben wolle. Ich habe daraufhin vorgeschlagen, neue Songs für den Streifen zu schreiben."

„Zehn Songs habe ich für den Film komponiert und koproduziert", erzählte Jon weiter. aber es ist keine Bon-Jovi-Solo-Platte – es ist Filmmusik, weiter nichts. Jeder Song wurde passend zu den entsprechenden Ereignissen auf der Leinwand komponiert, nachdem ich mir das Drehbuch ein paarmal durchgelesen hatte. Es ist auch keine Fortsetzung unserer Band mit anderen Musikern – obwohl man natürlich schon heraushört, daß ich die Musik und Texte geschrieben habe."

„Ich wollte nach mehr als fünf Jahren Bon Jovi endlich mal was ganz anderes machen", verriet er BRAVO einen der Beweggründe, den Auftrag für den Soundtrack zu „Young Guns II" anzunehmen. Die Musik für *Blaze Of Glory* war seine bis dahin ausgereifteste Arbeit als Songwriter. Fast wie für ein Konzeptalbum versuchte Bon Jovi, die Geschichte des Films in seinen Stücken nachzuvollziehen. Und tatsächlich atmet jede der Kompositionen des Albums den Staub unter den Stiefeln der Revolverhelden, in jedem Akkord sind die Weite der Prärie zu spüren und die steigende Spannung, wenn sich zwei der Scharfschützen voreinander aufbauen und das Jackett hinter dem Revolverhalfter feststecken. Jon Bon Jovi läßt in seinen Stücken keines der von Westernfans so heißgeliebten Klischees aus, aber er kombiniert sie zu wunderschön arrangierten und vorwiegend als Balladen angelegten Songs zwischen Hardrock, Pop und Country.

Ganz nebenbei demonstrierte das Album *Blaze Of Glory* auch, wie nahe Jon Bon Jovi in den Jahren seit seinen ersten Auftritten seinem großen Vorbild Bruce Springsteen gekommen war: Ein Song wie *Blood Money* hätte mit seinem klagenden Mundharmonika-Solo, mit akustischer Gitarre, herrlicher, leicht verschleppter Melodie und Jons rauhem Gesang ohne weiteres auch aus einem der besten Alben von Bruce Springsteen stammen können. Und schon mit dem nächsten Stück, *Santa Fe*, zeigte Bon Jovi eine ganz andere Seite: Da gestaltete er eine nicht weniger schöne Ballade mit sattem Streicherarrangement und wuchtig eingesetztem Klavier zu einem klassischen Stück Filmmusik. (Allerdings wurden für den Film selbst nur zwei Songs verwendet, der Rest war lediglich auf dem Album *Blaze Of Glory* zu hören.)

So richtig legte Jon Bon Jovi allerdings erst für die zweite Plattenseite los. Da beginnt *Justice In The Barrel* mit Indianergesängen, mit ineinanderfließenden Klangcollagen und Gitarrenspielereien – und verbindet schließlich auch im „eigentlichen" Song Rock, Rhythm & Blues, Soul und Elemente aus der indianischen Folklore miteinander. Und für *You Really Got Me Now* putzte er einen kantig groovenden Bluesrock-Song mit Honkytonk-Klavier und fröhlich gegröltem Begleitchor zur ungewöhnlich-unkomplizierten Nummer heraus. Spätestens nun war klar: Jon Bon Jovi war nicht mehr „nur" ein talentierter Rockschreiber – er beherrschte offenbar alle Spielarten der amerikanischen Musik exzellent, spielte mit Stilelementen aus den verschiedensten Epochen und bastelte daraus obendrein noch scheinbar mühelos hitverdächtige Rocksongs.

„Die Tatsache, daß ‚Young Guns' ein Western ist, hat mir die Entscheidung, am Soundtrack mitzuarbeiten, schon erleichtert – denn ich kann mich mit diesem Genre gut identifizieren. Wenn es zum Beispiel ein Film wie ‚Ghost' gewesen wäre, weiß ich nicht, ob ich die Musik so gut hingekriegt hätte. Als kleiner Junge habe ich Westernbücher regelrecht verschlungen. Wir haben die spannendsten Geschichten dann draußen auf der Straße mit verteilten Rollen nachgespielt. Mal war ich der Cowboy, mal ein Indianer. Heute wissen wir ja alle, daß sich Cowboys und Indianer nie hätten bekämpfen dürfen. Denn die Indianer sind ja eigentlich die wirklichen Amerikaner, während sich die Weißen das Land erst später unterwarfen."

Um ein Haar hätte Jon Bon Jovi im Herbst 1990 auch eine Gelegenheit bekommen, sein wohlwollendes Interesse für die Geschichte der Indianer mit einem Benefizkonzert unter Beweis zu stellen. „Ich hatte für das kommende Wochenende bereits einen Auftritt während eines Indianer-Festivals in Santa Fe im US-Bundesstaat New Mexico geplant", erzählte er einem BRAVO-Reporter. „Außer mir sollten dort noch Melissa Etheridge und ein paar Indianer-Bands auftreten. Ein Waldgebiet, das in einem Indianerreservat liegt, soll abgeholzt werden, weil der Staat dort ein Atomkraftwerk hinbauen will. Aber das Protestfestival mußte aus irgendeinem Grund abgesagt werden. Ich hoffe, daß es bald nachgeholt wird." Indianer hin, Filmmusik her – den Fans der Gruppe Bon Jovi waren der Fleiß, mit dem Bandleader Jon für diesen Soundtrack zu Werke ging, und der Erfolg, den er damit hatte, nicht ganz geheuer. Denn immerhin war „Blaze Of Glory" seit der Single *Runaway* die erste Produktion, die Jon Bon Jovi ohne die Mitarbeit von Richie Sambora, David Bryan, Alec John Such und Tico Torres in Angriff genommen hatte. War die Gruppe Bon Jovi damit am Ende? Hatte Jon seine Mitmusiker eiskalt abserviert, um von nun an solo Kapital aus der gemeinsam erspielten Popularität zu schlagen?

Solche Befürchtungen nährte Jon Bon Jovi auch selbst, als er 1990 in Interviews immer wieder erklärte: „In diesem Jahr ist von Bon Jovi, der Band, nichts mehr zu erwarten. Wir fünf haben alle verschiedene Pläne, Absichten und Hoffnungen. Und die passen im Moment nun mal nicht zusammen." Das Aus für die Band Bon Jovi? Jon zuckte die Schultern. „Das steht in den Sternen. Das kann im Moment niemand sagen – weder ich noch die anderen. Niemand will, daß die Band kaputtgeht, ich selbst am allerwenigsten. Die Band ist mein Leben gewesen. Alles, was ich mir je erträumt hatte. Das letzte Mal, daß wir alle fünf zusammen waren, das war im Februar '90. Schon ganz schön lange her, was?"

Und auch dem Magazin SPIN gegenüber gab er sich ratlos, als er nach der Zukunft der Band gefragt wurde: „Ich habe keine Ahnung, wie der Rest der Band das Ganze sieht – da müßt ihr sie schon selbst fragen. Ich für meinen Teil bin nicht ganz glücklich mit meiner jetzigen Situation. Ich fühle mich gestreßt, bin müde – und ich weiß mir nicht aus dieser Patsche zu helfen, denn im Grunde will ich nur noch mehr arbeiten als bisher. Mir ist es egal, ob ich mit einer Band in einer kleinen Bar auf der Bühne stehe oder mit einer Rockshow ein Riesenstadion fülle. Ich will nur musikalisch so weitermachen wie bisher."

Und dann rückte er mit dem wahrscheinlichen Grund für die offensichtliche Zerrissenheit der Gruppe Bon Jovi heraus. „Vor dem Start unserer letzten Tournee hatte sich die Band geweigert, sich mit mir just for fun in einen Lastwagen zu setzen und von einem kleinen Club zum anderen zu tingeln, um dort unangekündigte Konzerte zu geben. Sie sagten: ‚Das bringt uns nichts – können wir endlich nach Hause fahren?' Also gingen wir nach Hause." Immerhin: Teilweise bekam Jon während einer der Mammuttourneen der Band seinen Willen – in einigen Städten zogen Richie, Tico, Alec, David und Jon nach dem regulären Konzert in den ausverkauften Riesenhallen noch für Überraschungsauftritte in nahe gelegene Clubs um. „In Los Angeles hatten wir ‚offiziell' im Forum gespielt, und danach gingen wir ins Roxy, spielten dort noch einmal. Ich sagte unseren Roadies kurz zuvor, daß wir die Stadt etwas später verlassen wollten, weil wir beabsichtigten, noch ein, zwei Stunden lang mit Cover-Versionen bekannter Rocksongs aufzutreten." Die Roadies waren gleich so begeistert, daß sie für die improvisierten Bon-Jovi-Konzerte mit ihrer eigenen Band Beefboy Experience das Vorprogramm bestritten.

Innerhalb der Gruppe schien sich Jon allerdings immer mehr von den anderen abzukapseln. Während sich seine Bandkollegen vom Mammutprogramm der ständigen Tourneen geschlaucht gezeigt hatten und offenbar auch einmal in Ruhe ein paar der sauer verdienten Dollars ausgeben wollten, hatte Jon anscheinend nur eines im Sinn: das nächste Überraschungskonzert. Und das war sicherlich kein Zufall, denn auch sein Idol Bruce Springsteen hatte sich jahrelang vor allem damit den Ruf eines Bilderbuch-Rock'n'Rollers gesichert, daß er für Konzerte immer wieder über die Stränge schlug. Einmal wollte er gar nicht mehr von der Bühne, und die lokale Radiostation gab stündlich die Meldung an die Fans durch: „Er spielt noch immer!" Die letzte dieser Durchsagen gab's gegen fünf Uhr früh...

Im Laufe des Jahres 1990 kam dann doch wieder Hoffnung auf: Das Gerücht, Bon Jovi würden ein Live-Album veröffentlichen, machte die Runde. „Das ist kein Gerücht", versicherte Jon noch im Frühjahr '90 dem Jugendmagazin BRAVO. „Es wird eine Doppel-LP werden – mit drei Seiten Live-Songs, aufgenommen in den USA, in England, Holland und Deutschland. Die vierte Seite wird bisher unveröffentlichte Stücke enthalten und Songs wie *Borderline, Edge Of A Broken Heart, Love Is War, Backdoor To Heaven* und *Rosie*, die bisher nur als Single-B-Seiten erschienen waren. Geplant ist die Veröffentlichung für September 1990, und das Album ist als eine Art Tagebuch

Im Erfolgsgespann Richie Sambora und Jon Bon Jovi (unten) gab es Spannungen – und die Fans befürchteten, die Band werde sich im Streit trennen.

unserer ersten fünf Jahre gedacht. Damit beenden wir das erste Kapitel der Geschichte von Bon Jovi. Als Titel haben wir *Eggs & Whisky* ausgewählt – ich finde, daß das unser Leben während einer Tournee gut charakterisiert. Eines Nachts – wir waren schon eine Weile on the road – saßen Richie Sambora und ich in meinem Zimmer, und wir bekamen auf einmal einen Riesenhunger. Also bestellten wir beim Zimmerservice Rühreier und dazu eine Flasche Whisky, es war ‚Crown Royal'. Ein verrücktes Menü – und ein passender Titel für das Live-Album." Das wäre es sicherlich gewesen – nur wurde der Plan, ein Live-Album zu veröffentlichen, schon wenig später wieder fallengelassen: „Die Live-LP, die wir ursprünglich geplant hatten, wird es nun doch nicht geben", gab Jon im Herbst 1990 zu. Warum der plötzliche Sinneswandel? „Es gibt mit *Blaze Of Glory* ein aktuelles Album von mir, Richie Sambora wird bald sein Solo-Album veröffentlichen. Das müßte reichen – schließlich wollen wir unsere Fans nicht überfüttern." (Übrigens: Richie Sambora verbrauchte für die Produktion rund 1,25 Millionen Dollar und ließ sich geschäftlich von Bon-Jovi-Manager Doc McGhee betreuen.) Und auch eine Tournee, die die Band um die Jahreswende 1990/91 in alter Besetzung absolvierte, war nicht unbedingt die von den Fans erhoffte Fortsetzung der Erfolgsgeschichte von Bon Jovi: Die Konzerte in Korea, Malaysia, Hongkong und Taipeh waren, wie Jon sagte, „alte Verpflichtungen, die wir noch erfüllen mußten".

Jons neue Verpflichtungen sahen unter anderem so aus: Für Hall & Oates, dem erfolgreichsten Soulrock-Duo der Welt, schrieb er den Song *So Close* – und die brillante Ballade erschien auch als Single. Eine weitere Auszeichnung für den Rockstar aus New Jersey, denn zu Anfang seiner Karriere hatte er ja sogar einmal die Schulprüfung geschwänzt, um das Vorprogramm für Hall & Oates bestreiten zu können.

Und er plante, ein Album für den Gitarristen Aldo Nova zu produzieren, den er seit den gemeinsamen Aufnahmen zum Album *Bon Jovi* kannte. „Er ist ein guter Freund von mir, um den es nach einem Erfolg vor einigen Jahren inzwischen leider etwas ruhiger geworden ist. Von ihm habe ich damals, als wir *Runaway* gemeinsam einspielten, viel gelernt. Mit ihm als Gitarristen hatte ich meinen ersten Hit – und heute möchte ich Aldo Nova als Songwriter und Produzent helfen, damit er wieder ganz nach oben kommt."

102

103

BON JOVI
DAS ENDE DER BAND?

Im Winter 1990 mietete sich Jon im kanadischen Montreal in den modern eingerichteten Aufnahmeräumen von Le Studio ein, um mit Aldo Nova an dessen Songs zu arbeiten. „Im Studio, wenn ich neue Songs austüftle, bin ich der einsamste Mensch", sagte er.

Trotzdem beeilte sich Jon Bon Jovi auch 1990 immer wieder zu versichern, daß die Musiker seiner bisherigen Band nicht wegen interner Streitigkeiten getrennte Wege gingen – und schon im Spätherbst 1990 klang er in Interviews wieder ein bißchen zuversichtlicher, wenn es um die Zukunft der Gruppe ging: „Obwohl in der Presse oft über die angebliche Trennung der Band zu lesen war, kann ich allen versichern, daß es innerhalb der Band keinen Streit gibt. Wir brauchen lediglich mal eine ausgiebige Pause. Während unserer *New Jersey*-Tour spielten wir 237 (!) Konzerte in Folge, nur hier und da hatten wir mal ein paar Tage frei. Ist doch klar, daß man nach solch einem Dauerstreß mal abschalten, mal voneinander Abstand gewinnen muß. Und ich bin eben ein *workaholic* und kann nicht länger als zwei, drei Wochen Urlaub machen. Deshalb habe ich mich sofort ins ‚Young Gun'-Projekt gestürzt. Und ich habe es nicht bereut. Es war ein unbeschreibliches Gefühl, mit lebenden Legenden wie Elton John, Little Richard und Jeff Beck im Studio zu arbeiten. Dafür müßten Richie, Tico, Alec und David eigentlich Verständnis aufbringen – schließlich steht es ihnen ja auch offen, Solo-Projekte in Angriff zu nehmen."

Das taten sie dann auch. Richie Sambora ging für ein Solo-Album ins Studio – und der klassisch geschulte Pianist David Bryan trieb sein Projekt voran, eine LP mit Klaviermusik zu veröffentlichen. Dennoch: Die Reaktionen der anderen Bandmitglieder auf Jons Alleingang in Sachen „Young Guns II" waren eher geteilt: „Die Jungs waren zum Teil etwas enttäuscht darüber, daß ich mit anderen Musikern zusammengearbeitet habe. Deshalb zeigten sie im nachhinein nicht so viel Interesse an meinem Projekt – aber das ist schon okay so. Tico und Alec gratulierten mir zu der Platte, David nicht, und Richie murmelte am Telefon etwas Unverständliches."

Jon jedenfalls hatte nach *Blaze Of Glory* allen Grund zur Freude. Und das nicht nur, weil er neben einigen ganz Großen der Rockgeschichte im Studio gestanden hatte – er hatte in dem Film, dessen Tonspur er mit so ausgezeichneten Songs schmückte, auch seine erste Filmrolle übernommen. „Der Regisseur wollte mir ursprünglich eine größere Rolle geben, aber ich bin nun mal Rockmusiker und kein Schauspieler. Dennoch wollte ich ein paar Sekunden lang im Film zu sehen sein, um diesen Moment meiner Karriere zu dokumentieren. Für den kleinen Part – ich spiele einen Banditen, der aus dem Knast flieht und dabei erschossen wird – bin ich fast erfroren, denn die Dreharbeiten fanden im Februar statt. Aber da ich ja auf Western stehe, hat es mir nicht so viel ausgemacht."

Trotzdem: Tauschen wollte er mit Filmschauspielern nicht. Jon: „In einer Rockband gibt es viel mehr Kameradschaft als unter Schauspielerkollegen. Die Schauspieler haben alle nur ihre jetzige Rolle im Kopf, drehen gemeinsam einen Streifen und gehen dann wieder getrennte Wege – bis sie sich zufällig wieder an einem anderen Drehort begegnen. Als Rockband gehst du auf Tournee, hängst jeden Tag mit deinen Bandkumpels zusammen, führst die meiste Zeit ein richtiges Zigeunerleben. Außerdem hast du als Rockmusiker das Feedback, den Jubel der Fans. Und den möchte ich auf keinen Fall missen. Als Filmschauspieler spielst du quasi immer ins Leere, in die Kamera. Als Rockmusiker schreibe ich die Songtexte selbst, schreibe über persönliche Erfahrungen und Erlebnisse, über Dinge, die mir am Herzen liegen. Als Schauspieler spielst du eine Rolle, die dir das Drehbuch vorschreibt. Du hast nur wenig persönlichen Einfluß darauf. Wenn ich dagegen eine neue LP veröffentliche, ist sie ein Teil meines Lebens."

Ein Teil seines Lebens war auch Musikerkollege Southside Johnny, mit dem Jon schon durch die Clubs in New Jersey gezogen war, als ihn keiner kannte und Southside Johnny der weitaus bekanntere Rockmusiker der beiden war. Er hatte Jon und seiner Band den Auftritt im Vorprogramm von Hall & Oates verschafft – und Jon revanchierte sich nach Ende der Arbeit am Album *Blaze Of Glory* auf seine Art: Er heuerte in der

Band seines alten Kumpels als Rhythmusgitarrist an und ging mit dessen Band vier Wochen lang auf Clubtournee. „Wir spielten in kleinen, verrauchten Clubs in New Jersey, Washington D.C., Cleveland/Ohio bis hoch nach New Hampshire", schwärmte Jon Bon Jovi später in einem Interview. „Es hat tierisch Spaß gemacht! Es ist schon ein anderes Gefühl, als immer ‚nur' in riesigen Arenen vor 20 000 Fans aufzutreten. Natürlich staunten manche Fans nicht schlecht, als sie mich bei Southside auf der Bühne entdeckten... Übrigens habe ich für diese Auftritte keinen Cent kassiert, ich habe das nur aus Lust und Laune gemacht."

Auch wenn das nicht ganz stimmte – als Rhythmusgitarrist hatte Jon Bon Jovi die eher symbolische Summe von 75 Dollar pro Abend bekommen – : Die Clubtournee mit Southside Johnny zeigte schon, wie sehr Jon dem Spaß an der Musik vor hohen Gagen, Ruhm und Ehre noch den Vorzug gab. „Kunststück", werden nun viele weniger bekannte (und weniger reiche) Rockmusiker einwerfen, „Kunststück, wenn er auf seinem Konto längst die Dollar-Millionen gestapelt hat." Das stimmt natürlich – nur gibt es eine Menge reicher Musiker, die sich ganz sicher nicht für eine Handvoll Dollar Abend für Abend in kleinen Clubs in den Hintergrund einer Rockband der zweiten Garnitur gestellt hätten. Und das, ohne vorher einem befreundeten Starjournalisten das „Geheimnis" verraten zu haben. Denn die landesweit erscheinende Zeitung USA TODAY hatte zwar über Bon Jovis seltsame Tournee berichtet – der Tip dazu war aber nicht von Jon gekommen. Als SPIN-Chefredakteur Bob Guccione jr. nach Erscheinen der Geschichte in USA TODAY höchstpersönlich zum Konzert von Southside Johnny & The Jukes in einem kleinen Club in Long Island erschien, um Bon Jovi als Superstar zu erleben, der zur Abwechslung mal mit einem Job in der zweiten Reihe kokettierte, staunte er nicht schlecht: Jon versuchte Johnny höflich beizubringen, daß er doch künftig darauf verzichten solle, den Händler, der ihm seine Monitorboxen verkauft hatte, durchs Bühnenmikrofon ein „verdammtes Arschloch" zu nennen – nur weil die Boxen nicht recht funktionieren wollten. Johnny grinste. Und Guccione, der Starreporter, meinte: „Die beiden sind fast wie Vater und Sohn." Bon Jovi nahm Meldungen von seinen jüngsten Erfolgen – die Single *Blaze Of Glory* auf Platz 1, das Album auf Platz 7 der US-Charts – höflich, aber ohne übertriebenen Jubel entgegen, quittierte die entsprechenden Gratulationen eher peinlich berührt mit einem freundlichen „Thanks". „Es ist faszinierend", schrieb Guccione später, „die Reaktion des Publikums auf Jon zu beobachten: eine Mischung aus Erstaunen und Befremden. Und er selbst schien die meiste Zeit über darauf bedacht zu sein, sich im Hintergrund zu halten, außerhalb des Rampenlichts."

Und anschließend wurde er Zeuge einer der vielen kleinen Lektionen, die Southside Johnny seinem ungleich bekannteren Verehrer Jon Bon Jovi nebenbei erteilte. „Kennst du den Gitarristen Norman Nardini?" fragte Jon Johnny. „Ich half ihm mal, ein paar Demos aufzunehmen, und an einer Stelle lag er mit seinem Gitarrensolo so fürchterlich daneben, daß ich die Bandmaschine ausschaltete und ihm sagte: ‚Hey, Mann – du spielst völlig falsch!' Und er antwortete: ‚Falsch zu spielen ist es, was den Rock'n'Roll tatsächlich ausmacht.'" Jon lachte, bis Johnny sagte: „Tja, du Pfeife – tut mir leid, aber Norman hat recht."

Währenddessen vertrieb sich Dorothea Bon Jovi die reichliche Freizeit ohne ihren ständig abwesenden Ehemann, indem sie am New Jersey College einige Kurse belegte – unter anderem Karate. „Da muß ich wohl in Zukunft vorsichtig sein mit dem, was ich sage", grinste Jon.

Vorsichtig wurde er offenbar auch, was Freundschaften mit Musikerkollegen anging. Bon Jovi war ein wenig mißtrauisch geworden – auch wenn er selbst nicht immer ganz unschuldig war an den Verstimmungen zwischen ihm und Musikern, die er einmal gut hatte leiden können. Skid Row zum Beispiel. Seit Jahren wird die Anekdote erzählt, die beiden Sandkasten-Freunde Jon Bon Jovi und Dave Sabo hätten sich als Teenager versprochen, daß derjenige von beiden den anderen in seiner Karriere unterstützen würde, der es zuerst zum erfolgreichen Profimusiker bringen würde. Jon gewann die interne Ausscheidung – und förderte Dave Sabos Band Skid Row. Ob er damit lediglich ein altes Versprechen einlösen oder bei dieser Gelegenheit auch noch ein paar Dollars dazuverdienen wollte, ist dabei jedoch nicht ganz klargeworden. Denn Bon Jovi empfahl Skid Row nicht einfach irgendeinem Produzenten von Rang und Namen, sondern er nahm die Band für seinen inzwischen gegründeten Musikverlag Underground Publishing unter Vertrag. Durch diesen Kunstgriff soll sich Jon an den Tantiemen von Skid Rows Debüt-LP einen Anteil von rund 4,5 Millionen Dollar gesichert haben. Gegen den Vertrag, so meldete POP/ROCKY im Januar 1991, wolle Skid-Row-Sänger Sebastian Bach nun klagen. Bach: „Wenn auch das nichts hilft, lösen wir die Band auf und machen dann unter einem anderen Namen weiter."

Bon Jovi reagierte darauf enttäuscht und fassungslos. Er fühlte sich hintergangen – aber wenn er Glück hat, verinnerlicht er mit der Zeit einen Spruch, der sich in den nichtmusikalischen Bereichen der amerikanischen Wirtschaftswelt längst als manchmal bittere Wahrheit herausgestellt hat: „Never deal with a friend" – laß die Finger von Geschäften mit Freunden. Denn beim Geld hört die Freundschaft für gewöhnlich auf.

Auch mit Mötley Crüe freundeten sich Bon Jovi an – und zerstritten sich bald darauf. Jon: „Wir haben denselben Manager, Doc McGhee. Da trifft man sich schon mal. Na ja, und als Ozzy Osbourne dann eines Abends im Madison Square Garden auf-

Obwohl Jon Bon Jovi ständig unterwegs war, schien seine Ehe mit Dorothea nicht in Gefahr. Die Nachricht, daß sie neuerdings Karateunterricht nehme, quittierte er mit breitem Grinsen: „Da muß ich wohl in Zukunft vorsichtig sein mit dem, was ich sage."

trat und ihm anschließend während einer Party ein Platin-Album übergeben werden sollte, fuhren wir mit unseren Limousinen von der Halle zur Party. Und kaum waren wir auf der Seventh Avenue in Manhattan, da veranstalteten wir ein kleines Rennen gegeneinander – die Burschen von Mötley Crüe gewannen aber nur, weil sie kurz vor dem Ziel an einer roten Ampel vorbeirasten." Während das noch für Schmunzeln sorgte, krachte es wenig später tatsächlich zwischen den Musikern der beiden Rockbands. Jon, so erzählte er in einem Interview, habe Nikki Sixx, dem Bassisten von Mötley Crüe, erzählt, daß er geheiratet habe. Und während Jon wohl davon ausging, Sixx würde dieses private Detail für sich behalten, erzählte der jedem von Jons Hochzeit, der es hören wollte. Inzwischen herrscht Funkstille zwischen den Bands.

Ein paar Freunde sind Jon Bon Jovi aber schon geblieben nach den Jahren des steilen Aufstiegs zum Superstar. Southside Johnny zum Beispiel, die Scorpions, der Schauspieler Emilio Estevez. Und sonst? „Wir haben in all den Jahren eine Menge ganz netter Leute getroffen. Aber meistens waren wir nicht lange genug zusammen, um mehr als eine lose Bekanntschaft daraus werden zu lassen. Joe Elliott und ich sind aber gute Freunde. Und ich glaube, daß seine Band Def Leppard dieselben Qualitäten wie Bon Jovi auszeichnen. Für mich sind Def Leppard und Bon Jovi im Grunde sogar zwei Seiten derselben Medaille." An den Plänen für eine eigene Plattenfirma tüftelte Jon schon seit 1990. Damals erzählte er der Jugendzeitschrift BRAVO: „Sie soll Underground Records heißen. Ihr Büro wird in New York City sein, im selben Gebäude, in dem auch meine derzeitige Plattenfirma Polygram Records untergebracht ist. Underground Records wird so eine Art ‚Unterlabel' sein und gehört ansonsten zu Polygram."

„Ich werde wohl selten im Büro der Plattenfirma anzutreffen sein, denn Büroarbeit schmeckt mir nicht. Ich muß raus auf die Straße, auf die Bühne oder zumindest ins Plattenstudio. Ich werde viel produzieren und vielleicht auch ein paar neue Bands entdecken. Ich bin sicher, es gibt noch eine Menge unentdeckter Talente – hauptsächlich werden es wohl Rockbands sein. Eben Bands, die Musik spielen, auf die ich auch privat stehe." Was daraus wurde, gab Jon Bon Jovi am 22. Juli 1991 offiziell bekannt. Vor einigen handverlesenen Gästen skizzierte er Inhalt, Aufbau und Ziel der Firma JAMBCO (das Kürzel steht für Jon, Anthony, Matthew Bongiovi Company – und mit Anthony Bongiovi ist hier natürlich sein Bruder, nicht sein Vetter Tony gemeint). Als die beiden ersten Veröffentlichungen der Plattenfirma JAMBCO erschienen Alben von Billy Falcon und von Jons altem Freund Aldo Nova. Wie die Zukunft der Band Bon Jovi aussehen würde, wußte auch zu diesem Zeitpunkt noch niemand so recht. Und auch die geplanten Platten-Veröffentlichungen wurden immer wieder verschoben. Immerhin hatte Jon Bon Jovi schon im Herbst

1990 klargestellt. „Die neue Studio-LP, auf der wir die Fans mit einem neuen Sound überraschen werden, wird nicht vor Januar 1992 erscheinen. Zuvor wollen wir vielleicht ein 90minütiges Video veröffentlichen, eine Dokumentation über unser Leben ‚on the road'. Es soll ein interessanter Einblick in den Alltag hinter den Kulissen einer Tournee werden. Viel Musik wird nicht darauf zu hören sein – statt dessen gibt's jede Menge witzige Szenen."

War die Gruppe – immerhin eine der erfolgreichsten Hardrock-Bands aller Zeiten – am Ende, oder gestatteten sich die einzelnen Mitglieder tatsächlich nur eine ausgedehnte Pause? Jon wich entsprechenden Fragen aus: „Im Moment steht alles in den Sternen. Ich weiß selbst nicht, was wird – zur Zeit jedenfalls bin ich mit dem Produzieren ziemlich ausgelastet." Richie Sambora gab währenddessen Jon die alleinige Schuld an der Zwangspause der Gruppe: „Wir vier anderen fühlen uns der Band verpflichtet, deren Erfolg wir so viel verdanken. An uns liegt es nicht, wenn es keine neue Bon-Jovi-Platte gibt. Es liegt allein an Johnny. Er ist ein Arbeitstier, der am liebsten zwölf Monate im Jahr, vier Wochen im Monat, sieben Tage die Woche und dann noch 24 Stunden am Tag arbeiten will. Aber ehrlich: Man kann das Geldverdienen auch übertreiben! Wir vier anderen haben nach wie vor unheimlich viel Spaß am Musizieren, aber wir wollen zwischendurch auch mal leben. Wir wollen mal mit unseren Freunden zusammensein können, mit unseren Familien. Wenn Johnny uns haben will – wir sind bereit für neue Produktionen. Aber Johnny paßt unsere Lebenseinstellung nicht, er versteht unseren Wunsch nach persönlicher Freiheit nicht. Für Johnny sind wir seine ‚persönliche Angestellten', die zu springen haben, wenn er mit den Fingern schnippt. Und das tun wir eben nicht."

Im Herbst 1992 schien Jon Bon Jovi seine Meinung dazu ein wenig geändert zu haben. „Es hat sich viel geändert in unserem Leben", sagte er zu ME/SOUNDS. „Wir sind eine andere Band als noch vor vier Jahren. Damals hatten wir alle die gleichen Erfahrungen und Erlebnisse, weil wir als Band zusammenhockten. Seit zweieinhalb Jahren geht jedoch jeder von uns eigene Wege, und jetzt haben wir auf einmal fünfmal so viele Erfahrungen, die wir in unserer Musik verarbeiten können."

Damit waren auch die Gerüchte der vergangenen Monate, die Band Bon Jovi habe sich aufgelöst, endgültig vom Tisch. Und Jon stellte die Schaffenspause der Gruppe im nachhinein als eine Art Urlaub vom nervenaufreibenden Busineß dar: „Ich hab' mich an das Sprichwort gehalten, daß man das Baby nicht mit dem Badewasser ausschütten soll. Was zählt, ist das Baby, also die Band, und nicht diese ganze geldproduzierende Maschinerie um dich herum, die dich auffrißt. Schon 1983 hatte ich den Jungs gesagt: Hauptsache, wir vertragen uns."

KEEP THE FAITH
EINDRUCKSVOLLES COMEBACK

Monatelang kursierten Gerüchte um Jon Bon Jovi und seine Band, um seine Zukunft – und um seine Frisur.

So war der Amerikaner mit kürzeren Haaren gesichtet worden, und einige Journalisten behaupteten zu wissen, warum sich der Sänger von seiner langen Mähne getrennt hatte: Auf einer Grill-Party von Bruce Springsteen, so hieß es, habe sich Bon Jovi einen Funken vom Lagerfeuer eingefangen und sich dabei einen Teil der Haare abgefackelt. Als der Musiker im April '93 durch seinen Produzenten Bob Rock von dem Gerücht erfuhr, soll er vor Lachen fast keine Luft mehr bekommen haben...

Schon Anfang 1992 war durchgesickert, daß zwar nicht alles beim alten bleiben, daß davon aber der Bestand der Band Bon Jovi nicht betroffen sein würde. „Die Band Bon Jovi beginnt im nächsten Monat mit den Aufnahmen für ein neues Album", meldete das amerikanische Branchenblatt BILLBOARD. „Die Gruppe hat sich inzwischen von ihrem langjährigen Manager Doc McGhee getrennt und wird nun von der eigenen, neugegründeten Firma BJM in Red Bank, New Jersey, betreut. Im Büro des neuen Managements sitzen Paul Korzilius, Marggi Vangeli und Anthony Bongiovi."

Und schon kurz nach dem Beginn der Aufnahmen für die neue Platte schwärmte Jon Bon Jovi wieder von den Qualitäten seiner alten Mitstreiter: „Natürlich hatte ich es vorher genossen, mit Elton John als Pianist, Jeff

Beck als Gitarrist und Kenny Aronoff als Schlagzeuger zu arbeiten. Aber das Gefühl, wieder mit diesen Jungs zu spielen, die seit Anfang der 80er Jahre an mich geglaubt haben, das war einzigartig und überwältigend."

Das Produkt der Studioarbeit konnte sich denn auch hören lassen: Das Album *Keep The Faith* erschien Ende 1992 und stellte mit seiner Mischung aus zupackendem Rock und tollen Balladen – wie dem herrlichen Love-Song *Bed Of Roses* – die meisten vorangegangenen Bon-Jovi-Platten in den Schatten.

Jon erklärte die erfreuliche Frische, die musikalische Unbekümmertheit und die unbändige Spielfreude der „altgedienten" Rockband mit der zurückliegenden Pause – und damit, daß sich Gitarrist Richie Sambora auf einem Solo-Album stilistisch hatte austoben können: „Für Richie war es sehr wichtig, seine eigene Platte zu machen. Er brauchte das Gefühl, daß er es ganz allein schafft. Deshalb habe ich auch mit seinem Solo-Album nichts zu tun haben wollen. Unsere persönliche Beziehung ist heute so stark wie noch nie, weil wir uns verstehen. Das gilt auch für den Rest der Band."

Das bewiesen sie auch live – zunächst mit einem ziemlich ungewöhnlichen Konzertdebüt des neuen Repertoires. Da verblüfften sie die Rockfans an der Ostküste der Vereinigten Staaten im Herbst 1992 mit einem „Geheimkonzert" (BRAVO) in Asbury Park im US-Bundesstaat New Jersey. „John Bongiovi & The Wild Ones, 12. Oktober 1982" stand auf einem Plakat am Live-Club Fast Lane II – eine Reminiszenz an seine frühere Band The Wild Ones, mit der Jon ja damals Sonntag für Sonntag im ursprünglichen Fast Lane aufgetreten war.

Die Fans hatten das „Täuschungsmanöver" schnell durchschaut: Schon 24 Stunden vor Saalöffnung kampierten die ersten vor dem Club. Das Warten lohnte sich: Bon Jovi begannen mit einer hörenswerten Version des Beatles-Klassikers *With A Little Help From My Friends* und präsentierten später unter anderem auch Songs aus der neuen CD *Keep The Faith*. In der ungewohnten Club-Atmosphäre wirkten die Musiker locker und gut gelaunt wie selten zuvor – und Jon Bon Jovi fragte die Fans im brechend vollen Saal zwischendurch grinsend: „Wo wart ihr, als ich vor zehn Jahren hier auf der Bühne stand und im Saal gähnende Leere herrschte?"

Von gähnender Leere konnte inzwischen natürlich längst keine Rede mehr sein. Nach dem Club-Gig im Fast Lane waren auch die offiziellen Konzerte der Tour zum Album *Keep The Faith* – von 31. März bis 27. April 1993 war die Bon-Jovi-Show in Deutschland zu bestaunen – ausverkauft.

Die Musik hat er jedenfalls nicht satt. Auf die Frage, wie lange er sich noch vorstellen könne, Rockmusiker zu bleiben, lachte er nur: „Na hör mal – ich habe doch gerade erst angefangen! Das war doch noch nichts bisher... Ich habe eigentlich schon vor, so lange durchzuhalten wie die Rolling Stones."
Na dann.

BON JOVI
DIE PLATTEN

1984: Bon Jovi

Runaway / Roulette / She Don't Know Me / Shot Through The Heart / Love Lies / Breakout / Burning For Love / Come Back / Get Ready

1985: 7800° Fahrenheit

In And Out Of Love / Price Of Love / Only Lonely / King Of The Mountain / Silent Night / Tokyo Road / Hardest Part Is The Night / Always Run To You / To The Fire / Secret Dreams

1986: Slippery When Wet

Let It Rock / You Give Love A Bad Name / Livin' On A Prayer / Social Disease / Wanted Dear Or Alive / Raise Your Hands / Without Love / I'd Die For You / Never Say Goodbye / Wild In The Streets

1988: New Jersey

Lay Your Hands On Me /Bad Medicine / Born To Be My Baby / Living In Sin / Blood On Blood /Homebound Train / Wild Is The Wind / Ride Cowboy Ride / Stick To Your Guns / I'll Be There For You / 99 In The Shade / Love For Sale

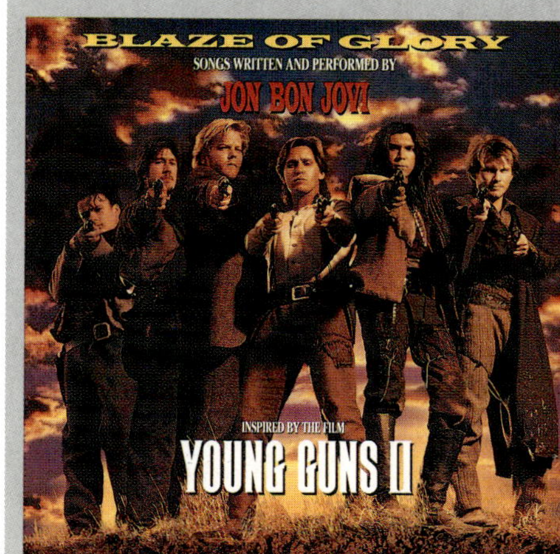

1990: Blaze Of Glory / Young Guns II

(Soundtrack zum gleichnamigen Film)
Billy Get Your Guns / Miracle / Blaze Of Glory / Blood Money / Santa Fe / Justice In The Barrel / Never Say Die / You Really Got Me Now / Bang A Drum / Dyin' Ain't Much Of A Livin' / Guano City

1992: Keep The Faith

Believe / Keep The Faith / I'll Sleep When I'm Dead / In These Arms / Bed Of Roses / If I Was Your Mother / Dry Country / Woman In Love / Fear / I Want You / Blame It On The Love Of Rock & Roll / Little Bit Of Soul / Save A Prayer